"一带一路"列国人物传系

波黑8人传
希望之国

唐　迪◎编著

五洲传播出版社·北京
China Intercontinental Press

图书在版编目（ＣＩＰ）数据

波黑8人传：希望之国 / 唐迪编著. -- 北京：五
洲传播出版社, 2024.4
ISBN 978-7-5085-5188-3

Ⅰ.①波… Ⅱ.①唐… Ⅲ.①名人－生平事迹－波黑
Ⅳ.①K835.555.8

中国国家版本馆CIP数据核字(2024)第053116号

波黑8人传：希望之国

编　　著：唐　迪

出 版 人：关　宏

责任编辑：李佼佼

装帧设计：山谷有鱼

出版发行：五洲传播出版社

地　　址：北京市海淀区北三环中路31号生产力大楼B座6层

邮　　编：100088

发行电话：010-82005927，010-82007837

网　　址：http://www.cicc.org.cn，http://www.thatsbooks.com

印　　刷：北京市房山腾龙印刷厂

版　　次：2024年4月第1版第1次印刷

开　　本：32开

印　　张：7.5

字　　数：106千

定　　价：49.80元

总　序
群星闪耀"一带一路"

　　"2100多年前，中国汉代的张骞肩负和平友好使命，两次出使中亚，开启了中国同中亚各国友好交往的大门，开辟出一条横贯东西、连接欧亚的丝绸之路。"[1] 2013年9月7日，中国国家主席习近平在哈萨克斯坦纳扎尔巴耶夫大学发表演讲，以博古通今的睿智对大学生们娓娓道来丝绸之路古老而年轻的故事。

　　"我的家乡陕西，就位于古丝绸之路的起点。站在这里，回首历史，我仿佛听到了山间回荡的声声驼铃，看到了大漠飘飞的袅袅孤烟。这一切，让我感到十分亲切。哈萨克

---

[1]《习近平谈治国理政》，外文出版社，2014年10月第1版，第287页。

斯坦这片土地，是古丝绸之路经过的地方，曾经为沟通东西方文明，促进不同民族、不同文化相互交流和合作作出过重要贡献。东西方使节、商队、游客、学者、工匠川流不息，沿途各国互通有无、互学互鉴，共同推动了人类文明进步。”“不同种族、不同信仰、不同文化背景的国家完全可以共享和平，共同发展。这是古丝绸之路留给我们的宝贵启示。”“为了使我们欧亚各国经济联系更加紧密、相互合作更加深入、发展空间更加广阔，我们可以用创新的合作模式，共同建设‘丝绸之路经济带’。”[1] 推己及人，高瞻远瞩，引领时代，习主席在阿斯塔纳[2]通过哈萨克斯坦人民，首次向世界发出了让古老的丝路精神再次焕发青春和光彩的时代宣言。

2013年10月3日，习主席在印度尼西亚国会发表了题为《共同建设二十一世纪“海上丝绸之路”》的演讲：“东南亚地区自古以来就是‘海上丝绸之路’的重要枢纽，中

---

[1]《习近平谈治国理政》，外文出版社，2014年10月第1版，第287、288、289页。

[2] 哈萨克斯坦新首都名称。

国愿同东盟国家加强海上合作，使用好中国政府设立的中国－东盟海上合作基金，发展好海洋合作伙伴关系，共同建设21世纪'海上丝绸之路'"，"发挥各自优势，实现多元共生、包容共进，共同造福于本地区人民和世界各国人民"。[1]这个倡议和9月7日的演讲异曲同工、遥相呼应、互为映衬，完整地提出了"丝绸之路经济带"和"21世纪海上丝绸之路"的宏伟构想。

从广袤的亚欧腹地哈萨克斯坦到风光旖旎的印度尼西亚，习主席提出的"丝绸之路经济带"和"21世纪海上丝绸之路"吸引了世界各国的目光。从2013年9月至2016年8月，习近平主席出访37个国家（亚洲18国、欧洲9国、非洲3国、拉美4国、大洋洲3国），对"一带一路"倡议的总体框架和基本内涵作了充分阐述。和平合作、开放包容、互学互鉴、互利共赢的丝路精神，共商、共建、共享的合作理念，驱散了"去全球化"的阴霾，为增长低迷的世界

---

[1]《习近平谈治国理政》，外文出版社，2014年10月第1版，第293、295页。

经济注入新的动能。各国纷纷将本国经济发展与中国政府制定的《推动共建丝绸之路经济带和 21 世纪海上丝绸之路的愿景与行动》规划相衔接。"一带一路"倡导的政策沟通、设施联通、贸易畅通、资金融通、民心相通等"五通"，正在以基础设施、经贸合作、产业投资、能源资源、金融支撑、人文交流、生态环保、海洋合作等为载体和依托，在全球掀起了投资兴业、互联互通、技术创新、产能合作的新势头。2016 年中国牵头成立有 57 个成员国加入的亚洲基础设施投资银行（AIIB），2017 年 3 月 23 日迎来 13 个新伙伴。孟加拉配电系统升级扩容项目、印尼全国棚户区改造项目、巴基斯坦国家高速公路项目和塔吉克斯坦杜尚别至乌兹别克斯坦道路改造项目已经获得亚投行金融支持，共商共建成为现实。

　　"一带一路"倡议得到国际社会的热烈响应。2016 年 11 月 17 日，第 71 届联合国大会 193 个成员国一致赞同，通过了第 A/71/9 号决议，欢迎"一带一路"倡议，敦促各国通过参与"一带一路"，呼吁国际社会为开展"一带一路"建设提供安全保障环境。2017 年 3 月 17 日，联合国安理会全票赞成，一致通过第 2344 号决议，呼吁国际社会凝聚援助阿富汗共识，通过"一带一路"建设等加强区域经济合作，敦促各方为"一带一路"建设提供安全保障环境。

2017 年 1 月，习近平主席在联合国日内瓦总部发表题为《共同构建人类命运共同体》的重要演讲，全面深入系统阐述人类命运共同体重大理念，在国际上引起热烈反响，受到各方普遍欢迎和高度评价。3 月 23 日，联合国人权理事会第 34 次会议通过关于"经济、社会、文化权利"和"粮食权"两个决议，决议明确表示要通过"一带一路"建设"构建人类命运共同体"。这是人类命运共同体重大理念首次载入人权理事会决议，标志着这一理念成为国际人权话语体系的重要组成部分。2017 年 5 月，北京喜迎来自"一带一路"相关国家的元首、政府首脑、前政要，以及国际组织负责人，还有专家学者和知名企业家等各界代表上千人，出席"'一带一路'国际合作高峰论坛"，共商沿线各国之合作共赢大计。

"一带一路"不是中国的独角戏，是与亚、欧、非洲及世界各国共同奏响的交响乐。中国恪守联合国宪章的宗旨

和原则，坚持开放合作、和谐包容、政策沟通，培育政治
互信，建立合作共识，协调发展战略、促进贸易便利化及
多边合作体制机制。中国携手100多个国家和地区，依托
国际大通道，以陆上沿线中心城市为支撑，以重点经贸产
业园区为合作平台，共同打造新亚欧大陆桥、中蒙俄、中国—
中亚—西亚、中巴、孟中印缅、中国—中南半岛等国际经
济合作走廊进展顺利，中欧班列在贸易畅通上动力强劲，
风景亮丽；以海上重点港口为节点，共同建设通畅安全高
效的运输通道，实现陆海路径的紧密关联和合作，太平洋、
印度洋、大西洋上巨轮往来频繁，不亦乐乎。亚太经合组织、
亚欧会议、大湄公河次区域合作等有关决议或文件，都体
现了"一带一路"建设内容。丝路基金、开发性金融、供
应链金融汇聚全球财富，建设绿色、健康、智慧与和平的
丝绸之路，增进各国民众福祉。

"一带一路"是人类历史上从未有过的恢宏蓝图，也是
横跨亚非欧连接世界各国的暖心红线。"丝绸之路经济带"
包括中国经中亚、俄罗斯至欧洲（波罗的海），中国经中亚、
西亚至波斯湾、地中海，中国至东南亚、南亚、印度洋；

"21世纪海上丝绸之路"包括从中国沿海港口过南海到印度洋再延伸至欧洲和到南太平洋。一路驼铃声声、舟楫相望，互通有无、友好交往。

在新的时代，在创新古丝路精神的伟大进程中，习主席专门缅怀丝路开拓者，特意致敬古丝路精神奠基人："我们的祖先在大漠戈壁上'驰命走驿，不绝于时月'，在汪洋大海中'云帆高张，昼夜星驰'，走在了古代世界各民族友好交往的前列。甘英、郑和、伊本·白图泰是我们熟悉的中阿交流友好使者。丝绸之路把中国的造纸术、火药、印刷术、指南针经阿拉伯地区传播到欧洲，又把阿拉伯的天文、历法、医药介绍到中国，在文明交流互鉴史上写下了重要篇章。千百年来，丝绸之路承载的和平合作、开放包容、互学互鉴、互利共赢精神薪火相传。"[1] 这种吃水不忘挖井人的情怀，再次展现了中华民族不忘历史、纪念先贤、展望未来的优秀文化基因，也为中国传记文学学会参加"一带一路"建设指明了方向和道路。

---

[1] 习近平：《弘扬丝路精神 深化中阿合作——在中阿合作论坛第六届部长级会议开幕式上的讲话》，《人民日报》2014年6月6日第2版。

在古老的丝绸之路上，我们不曾相忘：张骞出使西域到过的哈萨克斯坦，山高水长的好邻居巴基斯坦，双头鹰下横跨欧亚之国俄罗斯，草原之国蒙古，喜马拉雅浮世天堂尼泊尔，菩提恒河保佑之国印度，文化瑰宝伊朗，首创法典之国伊拉克，红海门户之国也门，石油王国沙特阿拉伯，波斯湾明珠巴林，雪松之国黎巴嫩，海湾之秀科威特，沙漠之巅阿联酋，半岛明珠之国卡塔尔，波斯湾霍尔木兹海峡守门人阿曼，万湖之国白俄罗斯，欧亚十字路口土耳其，流着奶和蜜之地以色列，欧洲粮仓乌克兰，亚平宁半岛上的文化巅峰意大利，阿尔卑斯之巅的瑞士，玫瑰之国保加利亚，与灵魂对话的思辨之国德意志，欧洲文化殿堂法兰西，欧洲客厅比利时，郁金香之国荷兰，热情如火的西班牙，还有绅士国度英国，北非金字塔之国埃及，非洲屋脊奉马蹄莲为国花的埃塞俄比亚，香草大岛之国马达加斯加，等等。

沿着海上丝绸之路，我们会领略丛林花园之国马来西亚，花园国度新加坡，千岛之国菲律宾，赤道翡翠之国印度尼西亚；沿澜沧江一路南下，我们不曾相忘澜湄泽润之国越南，千佛之国泰国，高棉的微笑之国柬埔寨，万象之都老挝，印度洋上明珠之国斯里兰卡，印度洋上的明星和钥匙毛里求斯，堆金积玉之国文莱，追求自由之国东帝汶，印度洋世外桃源马尔代夫，骑在羊背上的国家澳大利亚，上帝的后花园新西兰，等等。

"一带一路"沿线国家里，那些千百年来影响了人类与国家、民族命运并与中国曾经有过交往的古今人物，至今还能在教科书、影视剧里看到他们，还能感受到他们在一代一代年轻人身上所生发的影响和魅力。

当然，对于中国人来说，更为熟悉的是丝绸之路的开拓者。曾记否？丝绸之路开拓者中，有汉武帝和他的使节们，有首开大唐盛世的唐太宗及其无数臣民，有再续睦邻通商航海路的宋祖朝廷和无数先贤，还有金戈铁马风漫卷的元代人物，一统江山万里帆的明代人物，环球凉热自清浊的清代人物，东西碰撞溅火花的近代人物，经受风雨变迁、勇立海国之志的现代人物，更有丝路明珠敦煌莫高窟的守护者，卫国助邻的将军和通司中外的外交家们。当然，数风流人物，还看今朝，我们不能不浓墨重彩地讴歌那些智通商海，投身到新丝路建设中的当代人物。

耕云播雨，香火延续，智慧传承，历史再续！2100多年的友好交往历史从未隔断，惠及三大洲的中西交通从未停歇，21世纪的"中国梦"和"世界梦"汇成了人类命运共同体的时代和弦，响彻在"一带一路"辽阔的长空。也正因如此，在2023年的金秋时节，习近平主席同来自五洲四海的新老朋友相聚北京，共同出席第三届"一带一路"国际合作高峰论坛。世界的目光再次聚焦北京、聚焦中国。10年来，在各方的共同努力下，共建"一带一路"从中国倡议走向国际实践，从理念转化为行动，从愿景转变为现实，从谋篇布局的"大写意"到精耕细作的"工笔画"，取得实打实、沉甸甸的成就，成为深受欢迎的国际公共产品和国际合作平台。"一带一路"合作从亚欧大陆延伸到非洲和拉美，150多个国家、30多个国际组织签署共建"一带一路"合作文件，举办3届"一带一路"国际合作高峰论坛，成立了20多个专业领域多边合作平台。[1]这是中华

---

[1]习近平在第三届"一带一路"国际合作高峰论坛开幕式上的主旨演讲（全文），2023年10月18日，https://baijiahao.baidu.com/s?id=178006481
5242319182&wfr=spider&for=pc。

民族和世界历史上都应该铭记的大日子。

"一带一路"沿线国家拥有各自悠久的历史和丰富的文化传统，从古到今，涌现出了许多令人钦佩的人物，他们的成就在促进不同文化之间的民心相通方面发挥了重要作用，他们的贡献有助于加深各国人民之间的理解和合作。以人物传记写作为己任的中国传记文学学会，在"一带一路"倡议实施中，肩负"讲好'一带一路'民心相通好故事"的使命和责任，这也是国家赋予我们的根本职责和任务。在中国文学艺术界联合会的领导下，在中国社会科学院国家全球战略智库指导下，中国传记文学学会以赤诚的家国情怀、强烈的时代精神、为人物传记的责任担当，在认真调研、周密谋划、精心组织基础上，毅然决定倾注全力组织编写、筹资出版"'一带一路'列国人物传系"。此皇皇百卷传系讲述近千名各国卓越人物故事，集数百位专家作家尽心挥毫，冬去春来，夜以继日……幸得各界人士倾力赞助，又得中国出版集团公司华文出版社、当代世界出版社、五洲传播出版社出版发行。于是，各位读者得以读到手中的这套活泼而不失厚重、有趣而不失学养的列国人物合传书卷。

孔子曰："仁者，人也。"让各国的先贤智者的思想光辉，照亮我们探索人类未来的道路。

传记明志，落笔为文，是为总序。

中国传记文学学会会长

"'一带一路'列国人物传系"编委会主任

王丽　博士

2023 年 10 月 18 日

Introduction: The Star-studded "Belt and Road"

On September 7, 2013, Chinese President Xi Jinping delivered a speech at Kazakhstan's Nazarbayev University, telling college students the ancient yet up to date stories of the Silk Road with well-versed wisdom.

"More than 2,100 years ago during the Han Dynasty (206 BC-220AD), a Chinese envoy named Zhang Qian was sent to Central Asia twice on missions of peace and friendship. His journeys opened the door to friendly contacts between China and Central Asian countries, and started the Silk Road linking east and west, Asia and Europe.

Shaanxi, my home province, is right at the starting point of the ancient Silk Road. Today, as I stand here and look back at that history, I seem to hear the camel bells echoing in the mountains and see the wisp of smoke rising from the desert, and this gives me a specially good feeling.

Kazakhstan, located on the ancient Silk Road, has made an important contribution to the exchanges between the Eastern and Western civilizations and the interactions and cooperation between various nations and cultures. This land has borne witness to a steady stream of envoys, caravans, travelers, scholars and artisans traveling between the East and the West. The exchanges and mutual learning thus made possible promoted the progress of human civilization." [1]

"Countries of different races, beliefs and cultural backgrounds are fully able to share peace and development. This is the valuable inspiration we have drawn from the ancient Silk Road," [2] and "to forge closer economic ties, deepen cooperation and expand

[1] *Xi Jinping: The Governance of China.* 1st ed., Foreign Languages Press, Beijing, October 2014, p.311.

[2] *Xi Jinping: The Governance of China.* 1st ed., Foreign Languages Press, Beijing, October 2014, p.312.

development space in the Eurasian region, we should take an innovative approach and jointly build an economic belt along the Silk Road." [1]

With caring, vision and leadership, through the people of Kazakhstan in Astana, President Xi Jinping, for the first time, has made a declaration to the world that would rejuvenate the spirit of the ancient Silk Road.

On October 3, 2013, President Xi Jinping gave a speech titled "Work Together to Build a 21st-century Maritime Silk Road" at the People's Representative Council of Indonesia.

"Southeast Asia has since ancient times been an important hub along the ancient Maritime Silk Road. China will strengthen maritime cooperation with the ASEAN countries, and the China-ASEAN Maritime Cooperation Fund set up by the Chinese government should be used to develop maritime partnership in a joint effort to build the 'Maritime Silk Road' of the 21st century." [2] And "the two

[1] *Xi Jinping: The Governance of China.* 1st ed., Foreign Languages Press, Beijing, October 2014, p.313.

[2] *Xi Jinping: The Governance of China.* 1st ed., Foreign Languages Press, Beijing, October 2014, p.317.

sides need to give full rein to our respective strengths to enhance diversity, harmony, inclusiveness and common progress in our region for the benefit of both our people and the people outside the region." [1]

This initiative and the speech on September 7 both express the same idea and echo with each other, completing a grand vision of the "Silk Road Economic Belt" and the "21st Century Maritime Silk Road".

From Kazakhstan in the vast Eurasian hinterland to the beautiful scenery of Indonesia, Xi Jinping's proposed "Silk Road Economic Belt" and "21st Century Maritime Silk Road" have attracted the attention of countries all over the world. From September 2013 to August 2016, Xi visited 37 countries (18 in Asia, 9 in Europe, 3 in Africa, 4 in Latin America and 3 in Oceania), and fully elaborated on the overall framework and basic connotation of the "Belt and Road" initiative. The Silk Road spirit

---

[1] *Xi Jinping: The Governance of China*. 1st ed., Foreign Languages Press, Beijing, October 2014, p.319.

of peace and cooperation, openness and inclusiveness, mutual learning, and mutual benefit, combined with the idea that projects should be jointly built through consultation to meet the interests of all, dispels the haze of "de-globalization" and injects new kinetic energy into the sluggish growth of the world economy. Many countries have linked up their own economic development to the "Vision and proposed actions outlined on jointly building Silk Road Economic Belt and 21st- Century Maritime Silk Road" proposed by the Chinese government.

The "Belt and Road" initiative advocates policy coordination, facilities connectivity, unimpeded trade, financial integration, and people-to-people bond. With the emphasis on infrastructure build-up, economic and trade cooperation, industrial investment, energy resources development, financial support, people-to-people exchanges, ecological environmental protection, and marine cooperation, the initiative has set off a new momentum in investment, trade activity, technological innovation, and production capacity cooperation in the world. In 2016, China led the establishment of the Asian Infrastructure Investment Bank (AIIB), which was joined by 57 member states. As of June 26, 2018, after six expansions, the total number of members increased to 87, and 28 projects had been carried out in 13 countries. The Bangladesh Power Distribution System Upgrade Expansion Project, the Indonesia National Shanty Town Transformation Project, the Pakistan National Highway Project and the Tajikistan Dushanbe-Uzbekistan Border Road Improvement Project have received financial support from the AIIB. The idea of joint project implementation through consultation to meet the interests of all has since turned into reality .

The "Belt and Road" initiative has drawn strong and positive feedback from the international community. On November 17, 2016, the 71st session of the 193 members of the United Nations General Assembly unanimously endorsed the adoption of resolution A/71/9 to welcome the "Belt and Road" proposal, encouraging all of its member states to boost economic development of Afghanistan and the region through participation in the proposed project. In addition, it called on the international community to provide a safe and secure environment for the implementation of the initiative. On March 17, 2017, the United Nations Security Council voted unanimously to adopt resolution NO. 2344, and called on the international community to rally assistance to Afghanistan, and strengthen regional economic cooperation through the "Belt and Road" initiative, etc. It also urged all parties to provide a safe and secured environment for carrying out the program.

In January 2017, President Xi Jinping delivered a keynote speech at the United Nations Office at Geneva titled "Work Together to Build a Community of Shared Future for Mankind", comprehensively and systematically elucidated the fundamental idea of a community with a shared future for mankind, which echoed enthusiastically in the international community and was widely welcomed and highly applauded by many countries, organizations and political parties. At its 34th meeting, on March 23, the United Nations Human Rights Council adopted two resolutions on "economic, social and cultural rights" and "the right to food", which clearly stated the need to "build a community with a shared future for mankind". This is the first time the landmark concept of a community with a shared future for mankind has been incorporated into a UN Human Rights Council resolution, and it has become an important part of the international human rights discourse system.

The "Belt and Road" is not a solo play by China only, but a symphony played in concert with Asia, Europe, Africa and countries around the world. China abides by the purposes and principles of the UN Charter, advocates openness and cooperation, espouses harmony and inclusiveness, supports policy coordination, fosters political mutual trust, builds consensus on cooperation, coordinates development strategies and promotes trade facilitation and the institutional mechanisms of multilateral cooperation. China has joined hands with more than 100 countries and regions to co- create a new Eurasian continental bridge. This has been accomplished by taking advantage of international transport routes that are supportive of the central cities along the "Belt and Road", and building key economic and trade industrial parks as a platform for cooperation. China-Mongolia-Russia, China-Central Asia-West Asia, China-Pakistan, Bangladesh-China-India-Myanmar, China-Indochina Peninsula and other international economic cooperation corridors are progressing smoothly. China Railway Express accentuates trade and shipping overland between China and Europe with a bright future. Meanwhile, key sea ports also serve as the nodes to jointly build a smooth, safe and efficient transportation network, and hence enables a close connection between land and sea routes. Together with the overland cargo train transportation, the frequent cargo ships sailing on the Pacific, Indian and Atlantic Oceans poses an amazing picture. In summary, the relevant resolutions or documents of the Asia-Pacific Economic Cooperation, the Asia-Europe Meeting, and the Greater Mekong Subregion Economic Cooperation program all embody the "Belt and Road" initiative. By bringing together the world's wealth, Silk Road Fund, development finance, and supply chain finance strive to build a green, healthy, intelligent and peaceful Silk Road, and enhance the well-being of people around the globe.

The "Belt and Road" is a grand blueprint that has never been seen in human history. It is also a warm heart line that connects Asia, Africa and Europe to countries around the world. The Silk Road Economic Belt includes China via Central Asia, Russia to Europe (Baltic Sea), China via Central Asia, West Asia to the Persian Gulf, the Mediterranean Sea, China to Southeast Asia, South Asia, and the Indian Ocean; the 21st Century Maritime Silk Road includes from China's coastal ports to the South China Sea as well as the Indian Ocean that extends to Europe and the South Pacific. Friendly exchanges among countries are just a camel-ride and a boat trip away from each other.

In this new era and the great course of renovating the spirit of the ancient Silk Road, President Xi Jinping dedicated to cherish the pioneers of the Silk Road and particularly pay tribute to the founders of the spirit of the ancient Silk Road:

"In ancient times, our ancestors struggled through deserts and sailed in boundless seas to transport Chinese products to countries overseas, taking a lead in international friendly contact. Along that path, Kan Ying, Zheng He and Ibn Battuta were all known as envoys of this China-Arab friendship. Through the Silk Road, Chinese inventions like paper-making, gunpowder, printing and the magnetic compass were spread to Europe, and Arabic conceptions like astronomy, the calendar and medicine were introduced to China.

For hundreds of years, the spirit that the Silk Road bears, namely, peace and cooperation, openness and inclusiveness, mutual learning, mutual benefits and win-win results, has lived on through generations." [1]

There is a Chinese saying that when you drink the water, think of those who dug the well. The implication that the Chinese people never forget history is clearly demonstrated in our excellent

[1] Xi Jinping, "Promoting the Silk Road Spirit and Deepening China-Arab Cooperation." Key Note Speech at the Opening Ceremony of the 6th Ministerial Meeting of the China-Arab States Cooperation Forum, section one, People's Daily, June 6, 2014.

cultural tradition of commemorating the sages and at the same time looking forward to the future. It also points out the direction and path for the Chinese Biographical Literature Society to participate in the "Belt and Road" initiative.

On the ancient Silk Road, we have never forgotten Zhang Qian's twice diplomatic missions to the western regions in Han Dynasty that include Kazakhstan, the good neighbor Pakistan with high mountains and beautiful rivers, the double-headed eagle across Eurasian country Russia, grassland country Mongolia, Himalaya floating paradise Nepal, Bodhi Ganges blessed country India, cultural treasure Iran, the first Codex System member country Iraq, Red Sea gateway Yemen, oil kingdom Saudi Arabia, the Persian Gulf pearl Bahrain, cedar country Lebanon, Gulf Star Kuwait, desert peak UAE, the Peninsula pearl Qatar, and Oman—the gatekeeper of Hormuz Strait at Persian Gulf, thousand-lake country Belarus, Turkey at the Eurasian crossroads, Israel—a land flowing with milk and honey, Ukraine of European granary, Italy—the cultural pinnacle of Apennines, Switzerland at the top of Alpine, rose country Bulgaria, and Germany, a nation famous for great thinkers, France, the center of the European culture, the welcoming and comfortable Belgium, tulip country Netherlands, the warm and sunny Spain, as well as the elegant Britain, pyramid country Egypt in North Africa, Ethiopia on the roof of Africa with the national flower of calla lily, the great Vanilla Island country Madagascar, and so on.

Along the Maritime Silk Road, we will come across Malaysia, the country of jungle gardens, garden country Singapore, the Thousand Islands country Philippines, and Indonesia, an emerald on the equator line. Down the Lancang-Mekong River all the way south, we will experience Vietnam whose land moistened by the Lancang-Mekong River, Thailand, the country of thousand Buddhas, the smiling country of Khmer Cambodia, and Laos, the "Land of a Million Elephants". On the Indian Ocean, we will also see the ocean pearl Sri Lanka, the ocean star Mauritius, the rich and abundant Brunei, the freedom seeker East Timor, the idyllic Maldives, and Australia, a country on the back of the sheep, New

Zealand, the back garden of God, and so on.

In the countries along the Belt and Road, those ancient and modern figures who have influenced the destiny of mankind, countries and nations for thousands of years and had dealings with China are still seen in today's textbooks, movies and television dramas. Their influence and charm are still felt by generations of young people.

Certainly, for the Chinese people, we are more familiar with the pioneers of the Silk Road. Have we ever remembered? Among the trail blazers of the Silk Road were Emperor Wu of Han Dynasty and his envoys, Emperor Li Shimin, the co-founder of the Tang Dynasty that epitomized a golden age and his countless subjects, the Song imperial court and numerous sages who continued good-neighbor practice and friendly maritime navigation, as well as the Yuan Dynasty warriors who led armored cavalry with shining spears, the Ming Dynasty figures who unified the country, and the Qing Dynasty characters who maintained a clear mind during global turmoil, as well as the modern individuals who, by learning from both the west and the east in a time of rapid change, had the courage to build a sea power nation. There were also the guardians of Dunhuang Mogao Grottoes known as the Silk Road Pearl, the generals who safeguarded the country and helped the neighbors, and the diplomats who convey information and messages between China and foreign countries. Without a doubt, it is our current era that features true heroes. We can not praise highly enough the contemporary people who have been plunging themselves into the development of the new Silk Road.

Hard work pays off, family line continues, wisdom passes on, and history pushes forward! The history of friendly exchanges and traffic between China and the West, which benefits the four continents, for more than 2,100 years has been nonstop. The "Chinese Dream" and "World Dream" in the 21st century have become the chord of our time for humanity's shared future, resounding on the "Belt, and Road." For this reason, in May 2017, Beijing welcomed thousands of leaders from all walks of life, including heads of government, former eminent statesmen, well-known entrepreneurs, distinguished experts and scholars from the "Belt and Road" countries, as well as leaders of international organizations to attend the "International Cooperation Summit Forum." This grand event of "Thousands of people's meeting" shared "solidarity, mutual trust, equality, inclusiveness, mutual learning and win-win cooperation"[1] and exchanged views on this "great undertaking benefiting of the people of all countries along the route." [2] This is a big day that should be remembered in the history of the Chinese nation and the world.

In the implementation of the "Belt and Road" initiative, the Chinese Biographical Literature Society that devotes to biography writing, takes as its the mission "telling the good stories" of the "Belt and Road", which is also the responsibilities entrusted to us

---

[1] Xi Jinping, *Promote Friendship between Our People and Work Together to Build a Bright Future*, Keynote speech at Nazarbayev University in Kazakhstan, September 7, 2013.

[2] Xi Jinping, *Promote Friendship between Our People and Work Together to Build a Bright Future*, Keynote speech at Nazarbayev University in Kazakhstan, September 7, 2013.

by the state.

Under the leadership of the China Federation of Literary and Art Circles and the guidance of the National Global Strategic Think Tank of the Chinese Academy of Social Sciences, the Chinese Biographical Literature Society, with its love for the family and the nation, a keen spirit of the age and the responsibility of writing decent biographies, by careful research, thorough planning and thoughtful organization, made an unwavering decision to devote itself to organizing and publishing the "The Legend of the People along the Belt and Road nations". These brilliant volumes of biographies tell the stories of nearly a thousand national characters, involving laborious work from hundreds of expert writers who had been writing day and night over years. Our gratitude extends to the China Intercontinental Press, for the publication and distribution. Thanks to their generosity and effort, readers now have the opportunity to read the vivid yet serious and interesting yet enlightened biographies of outstanding people from many nations.

Confucius said, "Humanity is of humans ." Let the brilliant

ideas of the wise men of all nations light up our path to explore the future of mankind.

The biographies are written for high ideals. Herein is the intro duction.

President of the Chinese Biographical Literature Society

Director of the Editorial Board of

"The Legend of the People along the Belt and Road"

Dr. Wang Li

March 30, 2019

目　录

后　记

Contents

引　言

　　位于波黑三角形国土几何中心位置的首都萨拉热窝，是一座静谧的小城，这里群山环绕，风景秀美，令人流连忘返。谁曾想到，100多年前的1914年6月28日(塞尔维亚国庆日)，随着这座城市拉丁桥北侧的一声枪响，伴随着惊飞的鸟群，奥匈帝国的帝位继承者弗朗茨·斐迪南大公夫妻被一个名叫加夫里洛·普林西普的塞尔维亚青年杀害。这是第一次世界大战爆发的开端。一个月后，在德国的支持下，奥匈帝国以萨拉热窝事件为借口，向塞尔维亚宣战，接着德、俄、法、英等国相继投入战争。波黑地区的人民从此卷入纷飞战火之中。第一次世界大战是以英、法、俄为首的协约国集团和以德、奥为首的同盟国集团，在主要战区展开的生死搏斗，它给人类带来了空前的浩劫，也给参战各国带来了巨大的灾难。战争历时4年，有30多个国家、15亿人口卷入战争，伤亡人员达3000万，给全世界造成严重经济损失。

波斯尼亚和黑塞哥维那，简称"波黑"。它位于欧洲巴尔干半岛的中西部，面积为 5.12 万平方千米。它的南、北、西三面与克罗地亚毗连，东与塞尔维亚和黑山为邻。它的国土大部分地区都在迪纳拉高原和萨瓦河流域。只有南部极少的部分濒临亚得里亚海，海岸线长约 21.2 千米。截至2021 年，波黑人口达到 345.3 万，比 2020 年同期减少 2.2 万。波黑是一个独特的三民族国家，国内以波什尼亚克族为主要民族，大约占其人口总数的 50.1%；其次就是塞尔维亚族，大约占总人口的 30.8%；而克罗地亚族，约占总人口的15.4%。令人惊奇的是三个民族的宗教信仰和语言均不相同，他们分别信仰伊斯兰教、东正教和天主教，而官方语言则分别为波什尼亚语、塞尔维亚语和克罗地亚语。

波黑这个国家的人民为何会分信 3 种宗教，又讲 3 种官方语言呢？这不得不从波黑的历史慢慢道来。

波黑自新石器时代就有人类居住，早期居民为伊利里亚人。该地于公元前 168 年由罗马帝国占领，455 年被东哥特人入侵并占领，6 世纪东哥特人被东罗马帝国击败后，这里一度成为东罗马帝国的一部分。

6 世纪和 7 世纪时期，阿瓦尔人开始入侵，塞尔维亚人和克罗地亚人也相继进入巴尔干半岛。在接下来的几个世纪内，波斯尼亚以及黑塞哥维那地区多次分属周围的各个国家。6 世纪末 7 世纪初，部分斯拉夫人南迁到巴尔干半岛，在波斯尼亚和黑塞哥维那等地定居。12 世纪末，斯拉夫人建立独立的波斯尼亚公国。14 世纪末，波斯尼亚进入鼎盛时期。1463 年后成为奥斯曼土耳其属地，1908 年被奥匈帝国占领。

在奥斯曼帝国统治时期，统治者以武力、宗教、人头税等方式迫害当地塞尔维亚人和克罗地亚人。当时凡是穆斯林，可进入上层社会；农民如改信伊斯兰教，可免交某些捐税。过去的学者认为，现今波斯尼亚和黑塞哥维那境内的穆斯林人口较多，与这种政策的影响是分不开的。

奥斯曼帝国还强迫占领区儿童从小脱离父母和家庭，对其进行集中教育和培养，使之成为近卫军的一种兵源，迫使塞尔维亚人和克罗地亚人的后代土耳其化。他们还将其占领地区的人分等级，给予不同地位。

1914—1918 年惨烈的第一次世界大战结束后，南部斯拉夫民族成立了塞尔维亚人、克罗地亚人和斯洛文尼亚人王国，1929年改称"南斯拉夫王国"，波黑是其中的一部分，被划分为几个行政省。1945年，第二次世界大战结束，善良且向往正义的南斯拉夫各族人民获得了反法西斯战争的胜利，成立了南斯拉夫联邦人民共和国（1963年改称南斯拉夫社会主义联邦共和国），波黑成为其中一个共和国。1992年3月，波黑就国家是否独立举行了一场全民公决，波黑内部各族却在这个问题上产生了很大的分歧，波族和克族赞成独立，而塞族抵制投票。争论很快激化为战争，三年半的波黑内战由此拉开序幕。1995年11月21日，在外部势力插手的情况下，南斯拉夫联盟共和国和塞尔维亚共和国总统米洛舍维奇、克罗地亚共和国总统图季曼和波黑共和国总统伊泽特贝戈维奇签署了《代顿波黑和平协议》，这场劳民伤财的内战终于结束。从此，波黑的政局逐步趋于稳定，民族关系也逐渐缓和。

据《代顿协议》制定的宪法规定：波黑正式更名为"波斯尼亚和黑塞哥维那"；波什尼亚克族、塞尔维亚族和克罗地亚族3个民族为主体民族；波黑由波黑联邦和塞族共和国两个实体组成；波黑设 3 人主席团，由 3 个主体民族代表各 1 人组成，主席团成员分别由两个实体直接选举产生，任期为 4 年，主席一职由本院主席团 3 名成员轮流担任，每 8 个月轮换一次。因此，3 个民族分信 3 个宗教，讲 3 种官方语言的波黑就这样诞生了。

1998 年 2 月 10 日是波黑国旗、国徽诞生的日子。波黑国旗是长方形，长宽比为 2∶1。蓝色的旗面底色上呈现一个金黄色的等腰三角形，这象征着波斯尼亚和黑塞哥维那共和国的 3 个主要民族，也象征着波黑近三角形的国土形状。金色是太阳的光辉，这是波黑人民对远离黑暗的战争以及温暖和平的美好希望。蓝色的旗底和白色的五角星元素则与欧洲联盟标志一致，表示波黑是欧洲的一部分。波黑的国徽图案与国旗相同。

波黑在南斯拉夫时期便是联邦内较贫穷的地区之一，独立后又发生了内战（即 1992 年的波黑战争），这场战争给波黑的经济造成了重创，人民基本的生活需求难以维持，医药用品和食品更是极度匮乏。国际社会向波黑人民伸出了援助之手，提供了大量的人道主义援助。1995 年战争结束后，在国际社会多方援助下，波黑的经济有所发展，人民生活水平也得到了改善。波黑宏观经济经过重建、转型及恢复发展三个阶段，近年来呈缓慢复苏态势。2020年受新冠疫情冲击，波黑经济再度萎缩。根据波黑统计局数据，2020年波黑GDP总额为199.47亿美元，同比实际下降3.2%，人均GDP为5740美元；其中，波黑联邦GDP占比为65%，塞族共和国占32.5%，布尔奇科特区占2.5%。根据世界银行数据，2020年波黑GDP在全球203个经济体中排名第113位。

在1992年波黑加入联合国时，中国作为共同提案国予以支持。1992年6月和1995年3月，西拉伊季奇分别以波黑外长和总理身份两次访华，这标志着波黑和中国友好关系的进一步发展。1995年4月3日，中国和波黑建立了大使级的外交关系。两国政府同意，在遵守和平共处五项原则的基础上，发展两国之间的友好合作关系，并根据国际惯例，互相为对方在其外交代表履行职务方面提供一切必要的协助。2010年5月，波黑的部长会议主席什皮里奇对中国进行了工作访问。2013年11月，时任国务院总理李克强会见了波黑总理贝万达。这两次会晤对中波关系的友好发展起到了进一步的推动作用。

波黑的矿产资源十分丰富，截至 2021 年其煤炭蕴藏量达 55 亿吨，铁矿、褐煤、铝矾土、铅锌矿、石棉、岩盐、重晶石等也均有矿藏的发现，波黑北部的图兹拉地区据称"食用盐储量为欧洲之最"。波黑拥有丰富的水资源，如果能够利用得当，潜在的水力发电量可达 170 亿千瓦。同时，波黑还拥有广阔的森林资源，覆盖面积占国土总面积的 53%（数据来源：波黑国家统计局）。波黑旅游业务曾经十分兴旺，当地的浴场、汽车宿营地、温泉和疗养胜地等旅游基础设施相对齐全，亚得里亚海海滨区、萨拉热窝附近的冬季体育中心和拉丁桥等均是游客们喜欢去的几个重要景点。战后，波黑对这些景点进行重建，再次吸引了游客到访。

萨拉热窝不仅是经济和政治中心，也是旅游胜地。市内拥有萨拉热窝博物馆、Ars Aevi 现代美术馆、波黑历史博物馆、波黑文学和戏剧艺术博物馆和波黑国家博物馆等著名博物馆。其中波黑国家博物馆是最具波黑特色的博物馆，其中展出众多具有当地区域性及国际文化性的历史遗产，博物馆的文物藏品超过 5,000 件。

除了丰厚的文化与历史积淀，萨拉热窝兼具艺术与娱乐设施。1919 年建成的萨拉热窝国立剧场是欣赏剧目的好去处，另外萨拉热窝青年剧场也同样值得一去。萨拉热窝文化中心、萨拉热窝市图书馆、波黑艺术画廊也是萨拉热窝的艺术地标。

近年来波黑入境旅游人数不断增加，其中不乏大量中国游客的身影。虽然饱受战争的痛苦，波黑人民始终没有放弃对未来的希望。随着战争的结束，和平的归来，波黑的未来正在呈现出一片欣欣向荣的迹象。特别是近年来的"一带一路"建设，为波黑与中国合作注入了新的活力，波黑积极参与其中，把握发展机遇，让波黑人民看到了更加光明的生活前景。

翻开本书，一幅美丽的波黑历史文化图景将向您完美呈现。著名导演大师库斯图里卡、多才多艺的音乐家和作曲家哥伦·布雷高维克，为波黑的影视和音乐艺术作出了杰出贡献。当代作家和文学评论人亚历山大·黑蒙、诺贝尔文学奖获得者伊沃·安德里奇，是波黑文学界的优秀代表。在体育界，有足球名将塞亚德·萨利霍维奇、米拉勒姆·皮亚尼奇，他们收获了大批中国球迷。让我们从波黑杰出人物开始，去了解一个充满希望的波黑。

反法西斯文学斗士

——伊沃·安德里奇

伊沃·安德里奇（1892—1975 年），波黑著名作家。出生于波黑（时属奥匈帝国领土）特拉夫尼克附近的多拉茨村。他年轻时曾参加爱国学生运动，以文学作为斗争的武器，积极地投身南斯拉夫人民的独立和解放事业。安德里奇创作了大量小说、散文、诗歌。作为南斯拉夫小说家，他还长期担任外交公职，"二战"后曾出任南斯拉夫文学家联合会主席，主要作品有散文诗集《黑海之滨》和《动乱》，长篇小说《德里纳河上的桥》《特拉夫尼克纪事》《萨拉热窝女人》等，这三部小说被称为"波斯尼亚三部曲"。安德里奇曾获前南斯拉夫作家协会奖和一级人民勋章。1961 年，安德里奇获诺贝尔文学奖，评选委员会的颁奖词是，"由于他的作品中具有史诗般的力量——他借着它在祖国的历史中追寻主题，并描绘人的命运"。

01／在苦难中成长的革命战士

1894 年，两岁的伊沃·安德里奇失去了父亲，他的父亲是个普通的手艺人，用自己的劳动勤恳养育着家人。然而无情的肺病夺走了他的生命，为了生计，母亲不得不去萨拉热窝谋生，于是安德里奇被送到姑妈家寄养。从此，家里唯一的经济收入便是母亲辛劳得来的工资。

贫困的少年生活使得伊沃·安德里奇尤为勤奋。他认真聪颖，在维舍格勒读小学时期就对波斯尼亚乡间古老的传奇故事、抒情歌谣以及民间史诗有着浓厚的兴趣，文学的种子从此在他心里生根发芽。小学毕业后，安德里奇没有辍学打工，而是凭借优异的成绩获得每年 200 克朗的奖学金，只身来到波斯尼亚的首府萨拉热窝读中学。然而不幸的是，安德里奇的家庭情况并没有因此好转，反而更加贫苦。此时的安德里奇别说买像样的衣服和鞋帽，就连自己喜欢的书都买不起，只能借别人的旧书读。安德里奇后来创作的小说《书》和《孩子》就是他中学艰苦生活的真实写照。

安德里奇的个人命运如同整个南斯拉夫命运的缩影，在贫困和艰难中努力寻求解放。

当年的波黑地区还是奥匈帝国的领地，萨拉热窝的中学推行的是日耳曼化的教育模式，目的是把学生从思想和观念上都培养成奥匈帝国的忠实臣民。中学老师大部分是外国人，这些老师标榜自己是在完成奥匈帝国的教育使命——使波黑地区完全地日耳曼化。伊沃·安德里奇曾回忆说："我们同大多数老师之间有一道鸿沟，没有桥梁也不能沟通。"安德里奇并不擅长数学，有次期末考试他的数学成绩不及格，为此还被留级，然而安德里奇对读书的热爱并没有消退。家境贫寒的他实在没有多余的钱用来购买书籍，好在住所到学校途中有一家书店愿意出借图书，安德里奇借机阅读了大量文学作品，他的文学知识在这时积累起来。在此期间，他学习并掌握了德语、法语、俄语和斯洛文尼亚语等多种外语，并且阅读了歌德、海涅、雨果、普希金、托尔斯泰、斯特林堡、武克·卡拉季奇等文豪的原版作品。在大师作品的熏陶下，安德里奇醉心文学，埋头创作。1907年，他发表了一篇短篇故事，得到了伙伴们的赞美。受其鼓舞，他又进行了一系列散文诗的创作，以一位文学青年忧郁伤感的笔调写下了这样的诗句："我的心犹如一摊幽深的湖水，什么也不能激起它的波涛，谁也不曾对它端量。"他的作品在当时波黑的年轻人中广为流传，获得越来越广泛的认可。

接受大量文学艺术熏陶的伊沃·安德里奇从中学起就加入各种进步组织。1911年，中学七年级生（相当于高二）的安德里奇在进步思想的指导下，组织成立了秘密学生组织"南斯拉夫进步青年"，并担任第一任主席。这个组织既有文学艺术的交流，以提高文学素养；也有枪械使用方法的学习，以武装自己，随时准备为正义战斗。他们组织各种革命活动，比如举行罢课和游行，以这种方式来宣传南斯拉夫民族联合思想。

中学毕业后，伊沃·安德里奇在萨格勒布、格拉茨和维也纳等地辗转求学，继续开展反抗奥匈帝国统治的活动。一些杂志把他们的学生组织称为"青年波斯尼亚"。1914年夏天，"青年波斯尼亚"组织里的成员、年轻革命家加夫里洛·普林西普在萨拉热窝刺杀了奥匈帝国王储斐迪南大公夫妇，引发第一次世界大战。得知这一消息的安德里奇为自己的战友感到骄傲，他在当时的日记中写道："这是何等得好啊！我预感到的伟大事业就要开始了。人民勇敢的热血在沸腾、在燃烧。"

在刺杀事件中，斐迪南大公当场死亡，普林西普也被当场抓获，气急败坏的奥匈帝国开始极力搜捕刺客同党。伊沃·安德里奇是组织的负责人，也是普林西普的朋友，因此被奥匈当局逮捕入狱，之后又被流放到泽尼察附近的奥乌恰莱沃。在此期间，他遭受了百般折磨，看透了人间疾苦。在监狱的3年里，与他相伴的只有臭虫、跳蚤和恐怖的病魔。安德里奇的肉体受到严重摧残，痛苦不堪，而他的精神却得到了升华。他从一个忧郁的悲观主义者转变为一个威武不屈、乐观积极的文学战士，用自己的笔做匕首，为革命杀出一条血路。安德里奇据此写成的中篇小说《万恶的庭院》（又译为《罪恶的牢院》）被称为"安德里奇艺术的精髓"。这部作品把奥匈帝国时期牢狱里的丑恶昭示天下，把侵略者的罪恶揭露得淋漓尽致。正是因为亲身的经历，安德里奇的文字才如此真切，如此具有战斗力。

1917年，伊沃·安德里奇终于获释。1918年，稍作休整的安德里奇创办了南斯拉夫著名杂志《南方文学》，并担任杂志编辑。在创刊期间他出版了散文诗集《黑海之滨》及《动乱》。安德里奇以这本杂志为阵地，发表了一系列充满爱国激情的诗歌、散文以及文学评论，积极地投身到民族的解放事业中。

02 / 从外交职员到诺贝尔文学奖获得者

1918 年，第一次世界大战结束以后，波斯尼亚和黑塞哥维那成为塞尔维亚人、克罗地亚人和斯洛文尼亚人王国的一部分，该王国后来更名为南斯拉夫王国。

为了写作之便，伊沃·安德里奇在王国外交部做了一个小职员。虽然工作能力突出，但因为没有大学文凭，他无法继续在外交部工作。不甘于此的安德里奇在 1920 年考上了克罗地亚的萨格勒布大学，并于 3 年后拿到了奥地利格拉茨大学的法学博士学位。学成归来的安德里奇再次进入外交部工作，从此开启了他辉煌而丰富的外交生涯。他先在南斯拉夫王国驻外使馆任职，因渴望接触世界，他又被调往国外，在梵蒂冈、布加勒斯特、格拉茨、日内瓦、柏林等地皆担任过领事或大使。丰富的经历给他提供了许多创作素材，在任职期间，安德里奇先后出版了一些诗集和散文。

1926年10月，他被任命为南斯拉夫王国驻法国马赛总领事馆的副领事。接下来的一年时间里，伊沃·安德里奇在巴黎的总领事馆工作了3个月，除了正常的外交工作，他把自己泡在了巴黎的国家图书馆和外交档案馆里，痴迷地研究波斯尼亚19世纪初期的历史文献，聚焦法国领事在特拉夫尼克留下的资料。安德里奇尽情地遨游在知识的海洋里，度过了自己20多年的外交生活。这使他感到充实，因为他有更多的机会去探寻一个国家的历史，去品读一个国家的文学。闻名世界的《特拉夫尼克纪事》就是在这样的背景下创作的。他在这一时期创作的作品数量，占了他一生创作作品的半数，可见这段经历对安德里奇来说是何等珍贵。

时间很快来到了1941年。第二次世界大战爆发前，他是南斯拉夫王国最后一任驻德大使。由于有着多年外交经验，伊沃·安德里奇很早洞悉到了"二战"即将爆发。当时中立的瑞士成为躲避战火的好去处，不过安德里奇拒绝国际友人的好心安排，毅然决然地回到自己的祖国南斯拉夫，与祖国一起共患难，同命运。

1941 年 4 月 6 日，希特勒的军队大举入侵南斯拉夫，当时任南斯拉夫驻德国大使的伊沃·安德里奇正在柏林执行着艰难而责任重大的外交任务，从中极力斡旋。直到德军对贝尔格莱德进行狂轰滥炸的几个小时前，安德里奇和其他外交官才被德军押送回贝尔格莱德。第二次世界大战期间，伊沃·安德里奇被德国侵略军软禁于贝尔格莱德的一所公寓内，失去了行动自由，他一直处于德国侵略军的监视下。安德里奇在法西斯统治下不畏强暴，秉笔直书，从一片漆黑中努力寻找光明。他拒绝同法西斯合作，不和帝国政府及外国占领者发生任何关系，不参加任何社会活动，也不发表文学作品，独自隐居在贝尔格莱德，专心致志地创作他的长篇小说。他在致友人的一封信中写道："在今天特殊的形势下，我不愿意也不能参加任何社会活动，不管是新作品，还是先前发表的旧作品，一律都不愿意拿出来出版。"现实中的战争吓不住文学家，也不能使文学家绝望，安德里奇用行动表明了自己的立场。在此期间，安德里奇创作了许多长篇小说，从历史题材到现实题材，跨越了400年的历史进程，通过纵向的发展和横向的剖析，以鲜明的时代特征和地方色彩，描绘了一幅南斯拉夫人民反抗奥斯曼帝国、奥匈帝国和德意志法西斯侵略者压迫的壮丽历史画卷。

随着第二次世界大战的胜利和南斯拉夫联邦社会主义共和国的诞生，伊沃·安德里奇具有里程碑意义的三部著作也相继完成。从1942年至1944年，安德里奇完成了他最为著名的三部长篇小说：《特拉夫尼克纪事》（1942年）、《德里纳河上的桥》（1943年）和《萨拉热窝女人》（1944年），这三部小说均于战后的1945年出版，被称赞为"波斯尼亚三部曲"。

而后，伊沃·安德里奇任南斯拉夫科学艺术院通讯院士、联邦国民议会议员，1946年当选为南斯拉夫作家协会主席，是多种南斯拉夫文学创作最高奖获得者。他还担任了南斯拉夫共和国联邦议会议员和联邦会议成员。安德里奇并没有停下他手中的笔，他创作了许多短篇小说、文学随笔和评论。1954年出版的中篇小说集《万恶的庭院》有很高的文学价值，得到了文学评论者们的一致认可。

1961年10月26日是一个令伊沃·安德里奇永生难忘的日子。南斯拉夫通讯社传来了令南斯拉夫人民欢欣鼓舞的消息：瑞典皇家科学院决定把1961年度的诺贝尔文学奖颁发给伊沃·安德里奇！安德里奇获奖的消息不胫而走，南斯拉夫国内外的记者争相涌入这位诺贝尔文学奖获得者的家中。记者们焦急地等待着一睹安德里奇的风采。此时安德里奇的家中电话铃声响个不停，传递着来自各界的赞扬和祝贺。而安德里奇正像平常一样在自己家附近的公园里散步。在记者们焦急的等待中，安德里奇迈着矫健的步子回到家里的庭院中，瞬间被簇拥过来的各国记者和耀眼的闪光灯包围。他是见过大场面的人，在惊喜和激动过后，他轻车熟路地用法语、德语、意大利语、匈牙利语、希腊语、塞尔维亚语回答了记者们的提问。他说："我真诚地告诉你们，我没料到自己会得奖。我很受震动，很惊讶。最初，我不相信我真的会得到这一崇高的认可，这是对我个人和整个南斯拉夫文学的承认。本来我是散完步回家吃午饭的，却得到了如此美好的祝贺……南斯拉夫近 20 年来声誉大幅度提高了，因此世界开始对南斯拉夫的文学关注起来，有 400 多部著作被翻译成外文出版。所以我的作品被世界注意和承认才成为可能。诚然，诺贝尔文学奖只能颁发给一个人，但我只是获奖的一个代表，获奖的应该是南斯拉夫和全体人民……"

安德里奇淡然处世，一生简朴，他将诺贝尔文学奖的奖金捐献给了故乡的人民。他长期独居，直至 67 岁时，才与一名叫曼莱克·贝勃奇的舞台美术设计师结婚。1975 年 3 月 13 日，安德里奇安然逝世于贝尔格莱德。

03 / 主要作品和他的文学世界

随着 1961 年诺贝尔文学奖的公布，伊沃·安德里奇的作品逐渐被大众所熟知，究竟是什么样的作品打动了诺贝尔文学奖的评委呢？接下来，让我们走进安德里奇的文学世界。

《德里纳河上的桥》是他的代表作之一。小说以德里纳河上的一座长桥为主线，巧妙生动地描述出 400 多年间的芸芸众生和重大历史事件。其中的故事看似各自独立，实则有着千丝万缕的内在联系，取材真实生动而感人。小说记录了波斯尼亚从 15 世纪中叶被奥斯曼土耳其铁蹄蹂躏，到 1914 年那一声不甘压迫、奋勇反抗的枪声响起，抒写出一部人民觉醒的历史。第一次世界大战时期，波斯尼亚错综复杂的民族关系、一触即发的阶级和民族矛盾都在小说里展现得淋漓尽致。每一段历史、每一个阶层都有独特且极具代表性的人物，安德里奇抓住了这一点，赋予人物特殊的使命，从他们的斗争以及在利益面前的不同取舍，揭示出战争给人民带来的苦难。他歌颂善良，赞扬波斯尼亚人民为抵抗外来侵略作出的英勇斗争；他疾恶如仇，揭示卖国主义者丑恶的嘴脸。因为这部小说所具有的历史性和文学性，使其获得了"自己国家历史中的事实和命运""具有史诗般的力量"的赞誉，安德里奇因此获得了 1961 年的诺贝尔文学奖。目前，这部小说被译成近 40 种语言文字，流传到世界各地，评论界对它的评价极高，认为"这是一部进入世界文学之林的杰作"。

这部小说没有中心人物和中心故事，但穆罕默德·巴夏修建桥梁是一条基本的主线，通过关于桥的零碎的历史故事，将波斯尼亚和黑塞哥维那人民的兴衰命运密切地联系在了一起，这座桥成了在波斯尼亚的历史舞台上奥匈帝国同奥斯曼帝国斗争的晴雨表。这本书从一次残酷的"血贡"[1]开始，以塞尔维亚军队出现在大桥上作为结束，生动地反映了波斯尼亚人民生活的巨大变化。人们除了受到奴隶制的荼毒以外，还遭受了洪水、火灾、地震、瘟疫、暴力和战争的侵害，他们为了生存持续进行着艰苦的斗争。这部小说描写了人民的苦难，同时也赞扬了他们反抗压迫的英雄事迹，反映了塞尔维亚人民的革命热情。这些都预示着所有作威作福的占领者将被广大受尽奴役苦难的人民所推

---

[1] 血贡：15世纪初，奥斯曼帝国占领了巴尔干半岛，为了达到伊斯兰教徒征服这里的基督教徒的目的，每隔一段时间，就会强迫基督教徒家庭交出若干儿童抵交税款，到伊斯兰地区接受教育。这些儿童成年后加入奥斯曼军队，为帝国征战。

翻。值得一提的是，这部小说虽然描写的是土耳其和奥匈帝国的残暴，但同时也反映了作者对德军占领贝尔格莱德的仇恨，旗帜鲜明地表达了作者的爱国主义情感。

《德里纳河上的桥》中包含的历史事件繁多，时间跨度冗长，这直接决定了它内容的丰富性和人物关系的复杂性。从内容上来看，它记述了从1463年奥斯曼土耳其军队蛮横无理地占领波斯尼亚，直到1914年奥匈帝国王储斐迪南被刺和第一次世界大战的全面爆发，其间近400年的重大历史变迁。几个世纪以来发生在维舍格勒城的一系列重大历史事件都被伊沃·安德里奇滴水不漏、有条不紊地描绘其中。安德里奇对各色人物的塑造十分用心，无论是表情神态还是语言动作，都表达得细致入微，紧扣人物的心理。所以尽管小说中描写的人物如此众多，但因其很好的代入感，并没有给读者留下人物混乱、支离破碎的印象。作品给读者的感觉浑然天成，互相关联，历史犹如在眼前发生一样清晰。而这样完美的艺术效果，离不开安德里奇巧妙的艺术构思和扎实的文学功底。

伊沃·安德里奇的文学构思令人拍案叫绝，《德里纳河上的桥》有 20 多万字，回顾了维舍格勒城 450 年的历史。他描述了一系列重大历史事件，勾画出一个个生动有趣的生活场景，塑造了几十个不同历史时期的典型人物。小说涉及的历史跨度大，描写的人物多，但并不让人觉得零散、拼凑，而前后故事互为关联，浑然一体。其中起到关键作用的是，作者以德里纳河上的桥串起一个个不同时期的人物，连接起过去和现在。桥是历史的目击者，见证人民的苦难，也见证他们用热血和生命进行前赴后继的斗争。安德里奇扎实的文学功底还体现在小说中以民间文学的表现手法，得心应手地运用民间故事和神话故事，给小说增添了一份神秘的传奇色彩，读起来十分引人入胜。因此，安德里奇获得了"完全可以与荷马相媲美"的评价。

　　他创作的《特拉夫尼克纪事》，是三部曲中的第一部，书中再现了拿破仑战争期间发生在特拉夫尼克"领事时代"的历史，从更加广阔的时代背景上再现了东西方势力对波斯尼亚的争夺。以法国和奥地利外交代表在地处波斯尼亚小城特拉夫尼克所进行的激烈斗争为背景，围绕着外国的政治利益，书中人物展开各自的活动，各种矛盾冲突相碰撞造成的悲剧使人应接不暇。托尔斯泰的作品从正面真实地刻画了拿破仑进攻沙俄的过程，而安德里奇从侧面细腻地描绘了拿破仑战争带给欧洲、中东地区的影响和带给巴尔干的灾难。因此有评论家称赞安德里奇是"南斯拉夫的托尔斯泰"。

与上部《德里纳河上的桥》不同的是，《特拉夫尼克纪事》极其注重心理描写。通过对达维尔和米特勒两个领事与土耳其官方之间的交涉与联系的描写，横纵双向展开故事，细致刻画人物，一系列事件的发生，都将民众本已难以维持的生活推向深渊。无论是法国爆发的资产阶级革命，还是接下来其他许多国家在特拉夫尼克设立领事馆，都预示着这将是一段难以平静的时期，波斯尼亚注定会成为欧洲三大强国角逐的"竞技场"。这里承受了不同宗教之间你死我活的明争暗斗，也成了各个国家之间炮火连天、尔虞我诈的战场。满目疮痍的土地上，它的子民将何去何从？在任何人都难以改变的时代背景下，伊沃·安德里奇通过他独特的艺术构思，向人们展示出在东方和西方两种不同文化的熏陶下，仿佛生活在两个世界的人们将以何种价值观作出选择。安德里奇期盼美好，但从不盲目歌颂，他知道唯有血淋淋的现实才能唤起人们的思考。民族、宗教、国家这些真的是挑起战争的原因吗？而战争，除了生灵涂炭和万具白骨又能留下什么？这是安德里奇在这部小说里留给世人的思考。

安德里奇三部曲中的第三部名为《萨拉热窝女人》。与前两部截然不同的是，这是一部纯粹的心理小说，描写了一位萨拉热窝独身女人一生的故事。这个女人的父亲是个商人，后来生意失败破产，从此一蹶不振，临终前他告诫女儿，要不惜任何代价捍卫自己的利益，因为人要逃避现实的残酷只有靠财富。这个独身的女人谨遵父亲的告诫，不惜与身边的一切决裂，不择手段地追求财富，从一个懵懂纯真的少女变成了一个唯利是图、众叛亲离、心理病态的女高利贷者，最后因为抑郁、焦虑、多疑，发病猝死。安德里奇运用心理分析的手法绘声绘色地剖析了主人公心理世界的变化。

瑞典科学院院士安德斯·奥斯特林对伊沃·安德里奇的"波斯尼亚三部曲"给予了极高的评价："在蛮横的德军占

领期间，安德里奇被迫过着一种隐世的生活。但他不仅仅是为了保住性命，他以自己完成了 3 部出色小说的行动表示了自己抗击强权与侵略的决心。"在经过艰苦的生活和自我沉淀之后，安德里奇开始运用史诗式的客观文体来写作，并且从此笔耕不辍。这一连串以史为本的小说创作使他真正成为民族自觉意识的源头，给后世留下了深远的影响。

而在三部曲之外的《万恶的庭院》则是最能体现安德里奇艺术才华的一部力作。这部中篇小说从表面上看是一部历史小说，讲的是一个无辜的修道士身陷伊斯坦布尔监狱的不幸遭遇（原因是他被怀疑做了某种违背奥斯曼帝国利益的事情）。伴随着情节的发展，读者越来越清楚地看到了各种各样的人间悲剧。伊斯坦布尔监狱实际上是整个人间的象征。在这个监狱里，有着生活中的各色人等——杀人凶手、骗子、强者、弱者等。这是安德里奇监狱生活的真实写照，是对无情侵略者的痛斥。

04 / 展现具有时代感的历史画卷

在伊沃·安德里奇的作品中，我们不难归纳出安德里奇喜爱并非常擅长写作历史题材。他在《论档案》一文中写道："只有无知和不理智的人才认为历史是僵死的，是用不可逾越的大墙和今天永远隔开的。事实上，完全相反，人们以前所想、所感和所做的一切都紧密地交织在今天人们所想、所感和所做的一切之中。把科学真理之光带进历史事件中，意味着服务于今天。"他用带有时代感的描绘手法，展现了南斯拉夫400年的历史画卷，表现了南斯拉夫人民在苦难中可贵的斗争精神。

在对历史题材的把握中，安德里奇非常擅于运用小人物营造故事氛围，他深知小人物的命运起伏更能引起普通人的关注，更能得到读者的共鸣。安德里奇小说中生动感人的小人物有很多，他们独具一格地活着，但在动荡的时代背景下，他们又有着相同的无法逃脱的悲惨命运。在小说《维列托沃人》里，安德里奇用细致的手法刻画了面对土耳其侵略者的威胁宁死不屈的米洛耶爷爷的形象，让读者在为米洛耶爷爷感到悲痛的同时，也在心中升起对他不畏强权、忠贞爱国精神的敬佩之情。再如小说《情妇玛拉》，小仆人叶拉是一个没有任何自主权的女人，卑微的社会地位让她见识到太多的邪恶，这一切似乎本该让她学会逆来顺受、见风使舵，但是她依旧悉心照顾着不幸的少女玛拉。这个小人物虽然对剧情的推动没有起太大的作用，但是她的存在让我们感受到黑暗里的那束人性善良的光芒。

除了写作手法，伊沃·安德里奇的作品糅合着一种一般作者所不具有的内涵。那就是他在作品中展现出的现代心理学观点和《天方夜谭》的宿命论。他创作的小说是当时社会的真实写照，世界充满了压迫与暴力、饥饿与恐慌、疾病与痛苦，但他还是抱有热切的希望，对民族的解放抱以坚定的信念和使命感，在邪恶面前他从不曾退缩过。他写《阿兔》，主人公是一个手无缚鸡之力的知识分子，他在悲观失望和苦闷彷徨中走上爱国道路，并且最终在与法西斯的斗争中献出生命。他写《柴火》，伊勃罗这个靠卖柴而生的老头在得知自己女儿、女婿的死讯后，差点儿被悲伤压垮，但当他得知他们是为国家牺牲、为民族捐躯后，深感自豪。作品中主人公身上所传达的就是安德里奇想要诉说的，他通过人物的命运揭示真理、揭露现实。

安德里奇的写作主题具有高度的独创性。我们可以这么说：他在一张空无一字的白纸上落笔，描述世界历史上的一部大事记。他用客观冷静的笔调书写人类苦难的历史，他用智慧与批判的哲学质问侵略者的战争。

05 ╱ 与中国人民的深厚情谊

伊沃·安德里奇一系列优秀的作品，间接推动了南斯拉夫与中国的友好合作关系，使两国结下了深厚的友谊。而说到南斯拉夫人民与中国人民的友谊，不得不提的是两座"桥"。

第一座桥是一部名为《桥》的电影，1969 年由南斯拉夫波斯纳电影制片厂出品。这是一部以"战争"为题材的电影。中国于 20 世纪 70 年代引进该片，并在全国放映。

对当时精神食粮十分匮乏的中国来说，这部电影受到全国人民的热烈追捧。据说，在电影上映期间，曾出现用一件军大衣换一张电影票的"疯狂"情景。《桥》影响了两代中国人的精神世界，人们由此生出对南斯拉夫浓浓的情结。《桥》这部电影走出南斯拉夫，来到中国，在中国人民心中产生了深远的影响。

第二座桥就是安德里奇写的小说《德里纳河上的桥》。《德里纳河上的桥》是南斯拉夫文学的代表作品，取名于架设在古城郊外德里纳河上的穆罕默德·巴夏·索科罗维奇大桥。它是一座 11 孔大石桥，比例结构优美，气势宏伟壮观。安德里奇从这座桥汲取了丰富的精神营养，几个世纪以来，有关这座桥的许多奇幻的传说和动人的故事成为他之后创作的灵感。

伊沃·安德里奇根据自己为争取自由民主而入狱的经历，写了中篇小说《万恶的庭院》，这部小说被世人称为"安德里奇艺术的精髓"。它的艺术价值与文学价值和《德里纳河上的桥》不相上下，是安德里奇创作的巅峰之作。他不畏强权、宁死不屈的精神和批判社会、针砭时弊的作品，都像极了中国的一个大文豪——鲁迅，这也是中国读者在读安德里奇作品时的真实感受。安德里奇曾任南斯拉夫文学家联合会主席多年，在职期间他访问过许多国家，但对中国有着别样的情感。1956年他率南斯拉夫作家代表团访华，同年9月底，安德里奇不远万里，参加了鲁迅逝世20周年的纪念活动，还特地赶到绍兴去看"三味书屋"和"百草园"。随后，在鲁迅北京故居的藏书室中，安德里奇说他找到了与鲁迅精神交流的灵感。1957年5月的南斯拉夫《战斗报》上，安德里奇发表《相会在中国》，表达了自己对中国的深切情感和对鲁迅的敬佩。

安德里奇在中国访问了20多天，在出席一次盛大国宴和庆祝中国国庆节的仪式上见到了毛泽东、周恩来等领导人，也去了北京、上海、杭州、广州等地。他每天认真地写日记，记录他所看到的和听到的，表达他对这个神秘而亲切的国家和人民的感情。他访问中国的日记在其逝世后，于1980年3月在南斯拉夫《政治报》上公开发表。他的作品和访问增进了中南两国人民之间的相互了解和兄弟情谊。

狂放不羁的天才艺术家

——埃米尔·库斯图里卡

埃米尔·库斯图里卡（1954—），原南斯拉夫著名的电影艺术家、导演、编剧。他出生于萨拉热窝，以优秀导演的身份被外界所熟知。他是评论界和影迷眼中的天才，擅长用魔幻与黑色幽默来嘲讽现实。他的作品《爸爸去出差》《流浪者之歌》《地下》《黑猫白猫》等影片在国际上屡屡获奖，大放异彩。其中《爸爸去出差》（1985年）和《地下》（1995年）曾两次获得戛纳金棕榈奖。这使他在世界电影版图中独树一帜，也让他成了南斯拉夫电影的代名词。与此同时，他还是一名优秀的演员，参演过20部影片；是一名音乐狂热爱好者，作为"无烟地带"的贝斯手同乐队一起巡演；是一位建筑师，为拍电影组织建造木头村与石头城；是一位作家，出版了自传《我身在历史何处》和小说《婚姻中的陌生人》，并畅销一时，被翻译为多种语言出版；是一位教育工作者，为给年轻人创造更多学习的机会，每年举办一次电影音乐节。不论何时，他总是不会闲着，他能同时做100件事情，而且不论做什么他总能做到最好！他狂放不羁，又有着悲悯的情怀，他童真的言行里包裹着一颗最质朴与最纯粹的灵魂，而谁又能读懂他那背后的孤独与忧郁？

01 / 萨拉热窝走出的艺术家

1954 年 11 月 24 日，埃米尔·库斯图里卡出生于萨拉热窝的一个波斯尼亚穆斯林家庭中。萨拉热窝是第一次世界大战的爆发地，家乡的政治动荡与战乱纷扰对库斯图里卡产生了深远的影响。

埃米尔·库斯图里卡的父亲是一名政府记者，为波黑政府工作。他的母亲是一名普通的公司职员。萨拉热窝的郊区贫富差距巨大，这里既有美丽的吉卜赛女郎，也有居无定所只图温饱的小偷，更有许多因为争抢地盘而死于非命的年轻人，"混乱"是这里的代名词。库斯图里卡在这里长大，见证了这里的混乱如何在一种微妙的关系中保持平衡，观察激烈冲突过后这片土地如何回归平静。幸运的是，他不用为生计发愁，可以全身心投入自己的兴趣爱好。

年少时埃米尔·库斯图里卡便对电影产生了浓厚的兴趣，这缘于一次在电影院地下室里的铲煤工作。这次工作的酬劳就是可以免费观看好莱坞的电影，他看了弗兰克·卡普拉等导演拍摄的影片，这是他接触电影的开始。一次爸爸的朋友正好在萨拉热窝街区拍摄电影，父亲鼓励库斯图里卡参演，这对他来说是一次非常棒的经历，他由此了解了电影的基本构成要素、拍摄的方法、工作流程，从此在他的心中埋下了一颗电影的种子，这颗种子后来生根、发芽、飞速成长，终究成了能够直达云霄的参天大树。

足球是埃米尔·库斯图里卡少年时期的另一爱好。在萨拉热窝街头巷尾，常常有三五成群的男孩聚在一起踢球。父母发现，不知从何时起，库斯图里卡也成了街头男孩的一员，这些少年多数都住在市郊，有很多不良习气。父母担心库斯图里卡与他们在一起久了，会沾染上恶习，因此商量着给他换个生活环境，彻底切断他与这些少年的往来。正巧他有一个姑母生活在布拉格，父母决定将库斯图里卡送到布拉格表演艺术学院电影电视系上大学。为了顺利入学，库斯图里卡做了一个照片剧本，记录城市从早晨到傍晚之间不同的场景。此外，他还拍摄了一个电影短片，影片展现了一个年轻男人在一个神奇的早上醒来，他听到了3个不同教堂的钟声，分别来自罗马天主教堂、塞尔维亚基督堂和正统穆斯林礼拜堂。这个男人将自己的一生泡在酒吧里，在沉沉的醉意中幻想着自己拥有理想的生活，他来到剧院舞台上，这里有美丽妖娆的女舞者，他爱上了她。凭借这部短片，库斯图里卡获得了在布拉格学习的机会。

就这样，库斯图里卡告别了年少的足球梦想，开始了他的大学生活，并逐渐展露出身上独特的艺术禀赋。日后谈到这段年少的经历时，库斯图里卡表示非常感激父亲，正是因为父亲把自己送进著名的布拉格表演艺术学院，他才拥有了宝贵的大学时光，这对于他后期的电影事业意义重大。

布拉格表演艺术学院是一个人才辈出的地方，著名导演戈兰·马克维奇、伊日·门泽尔也毕业于此。这批人开启的捷克新浪潮对库斯图里卡影响深远。博胡米尔·赫拉巴尔被库斯图里卡称为"心中的英雄"。后来在某次采访中库斯图里卡说道，博胡米尔·赫拉巴尔的作品非常人性化，对他的影响是最大的，赫拉巴尔应该获得诺贝尔奖。

布拉格表演艺术学院给了埃米尔·库斯图里卡深厚的艺术沉淀。在这里，库斯图里卡有机会将电影史上的佳作一一品读、研究。在这里，库斯图里卡找到了自己的精神导师让·雷诺阿和费里尼。"我的电影融合了法国电影的优雅、俄罗斯电影的激情和对自我牺牲的哲思，以及费里尼电影里的那种旋律性、充满忧郁而又强有力的讽刺。"库斯图里卡如是说。

埃米尔·库斯图里卡很快成为电影学院最优秀的学生之一，展现出他惊人的导演天赋。他拍摄的两部短片《真相的一面》和《秋天》，让他的老师奥塔卡·瓦夫拉教授发现了这个电影天才。在他的格外关注下，库斯图里卡进步神速。临近毕业时，他拍摄的毕业作品《格尔妮卡》通过一个天真少年的视角，审视了捷克的"排犹主义"思想，在卡罗维发利国际电影节上获得学生作品大奖。凭借该影片的出色成绩，库斯图里卡获得了萨拉热窝电视台的工作机会。此时刚刚毕业的埃米尔·库斯图里卡踌躇满志地回到故乡，想要干出一番事业来。

然而，现实很快给埃米尔·库斯图里卡来了一次暴击。在萨拉热窝工作期间，他的第一部作品《新娘来了》涉及乱伦题材，无论是影片的表现手法还是影片所展现的内容，都异常大胆。这部影片表现出安德烈·塔尔可夫斯基那种基督教人文精神和形而上的哲学，然而由于影片打破了传统性爱的禁忌而引起争议和批评，最终该影片在南斯拉夫禁止发行。经此一役，沉浸在自己艺术世界中的库斯图里卡醒了过来，他意识到艺术并不能以无所约束的形式独立存在，艺术作品往往要承受得住各种争议、评论和压力。艺术家不得不从社会的观念考虑，否则就会被现实残酷地撕成碎末。但他并没有打算妥协，他认为观众并不了解他的艺术，他拍的是真正自己想拍的电影，他的作品是自己真正想要的艺术。这种想法贯穿于库斯图里卡艺术工作的始终。他对当时的好莱坞电影嗤之以鼻，认为它一味地迎合大众的口味，失去了艺术性，充满了商业的铜臭味。

电视台的领导赏识埃米尔·库斯图里卡，愿意在年轻人失意的时候拉他一把，希望库斯图里卡能够充分施展出他的才华，实现梦想。留在电视台的库斯图里卡并没有一蹶不振，而是越挫越勇。他夜以继日地努力工作，终于得来回报。库斯图里卡的下一部电影《铁达尼酒吧》令他的事业峰回路转，这部根据诺贝尔文学奖得主安德里奇的同名小说改编的影片，在斯洛文尼亚的国家电视节上夺得了最佳导演奖。

　　从此埃米尔·库斯图里卡的创作之路一发而不可收，创下了无数辉煌。1981年库斯图里卡用胶片拍摄了第一部剧情长片《你还记得多莉·贝尔吗》。这部影片是他和著名的波斯尼亚诗人阿卜杜拉·西德兰共同完成的，影片讲述了在铁托统治南斯拉夫的20世纪60年代，一群生活在萨拉热窝的少年开始接触西方文化，梦想过上西方人生活的故事。影片多多少少有一些半自传的性质，影片中的萨拉热窝少年不正有库斯图里卡年少时的影子吗？该影片赢得了南斯拉夫地区的一系列电影奖项，以及对于他27岁的人生来讲最重要的两个奖项——第38届威尼斯电影节银狮奖最佳处女作以及费比西奖最佳影片。收到领奖通知时，他正在军队服役，为此军方特批了他24小时假，让他去电影节现场亲自接受这份荣誉。

　　1985年，他拍摄了《爸爸出差时》，1988年又拍摄了《流浪者之歌》。《爸爸出差时》获得戛纳电影节金棕榈奖、费比西奖以及奥斯卡最佳外语片提名。《流浪者之歌》获得了戛纳电影节最佳导演奖和罗西里尼特别奖。这些都是对埃米尔·库斯图里卡导演工作的肯定。

捧回如此之多世界大奖的埃米尔·库斯图里卡引起了社会各界的广泛关注。萨拉热窝表演艺术学院向他抛出了橄榄枝，库斯图里卡开始在萨拉热窝表演艺术学院任教。与此同时，纽约的哥伦比亚大学也邀请他去教授导演课程，库斯图里卡欣然赴约。纽约的教书生活拓宽了埃米尔·库斯图里卡新的创作空间，赋予了他更多的创造性思维。从一个美国学生递交的电影剧本中，他找到了灵感，并以此为基础进行了第一部英语影片的创作。

1993 年，《亚利桑那之梦》摄制完成。这部电影会集了美国演员费·唐纳薇、杰瑞·刘易斯，以及新星约翰尼·德普。结果不出所料，影片大获成功，获得了柏林电影节的银熊奖。对于库斯图里卡来说，获得电影节奖项犹如囊中取物，如果他拍了哪一部电影没有获奖，那才应该让人感到奇怪呢！

02 / 无人能解的乡愁与痛惜

任何对埃米尔·库斯图里卡的介绍都绕不开他的鸿篇巨制《地下》。《地下》上映后，库斯图里卡不仅收获了一大批奖项，也受到了来自各界的批评，可谓毁誉参半。然而从古至今，能够名垂青史、流芳千古的佳作，哪一部不是在诞生之时广受争议？不论怎样，《地下》无疑是他导演生涯中浓墨重彩的一笔。

1941 年，第二次世界大战中的南斯拉夫被德军占领，直至 1945 年获得解放。1945 年 11 月 29 日，南斯拉夫联邦人民共和国（1963 年改称南斯拉夫社会主义联邦共和国）成立了。然而，南斯拉夫共和国的人民却并没有从此获得安定，这个由塞尔维亚、克罗地亚、斯洛文尼亚、波黑、马其顿和黑山 6 个共和国组成的多民族联邦制国家，始终被民族问题所羁绊、所困扰，最终在 20 世纪 90 年代支离破碎、土崩瓦解。

为了躲避战乱，埃米尔·库斯图里卡不得不带着儿子旅居国外，但他始终不忘关注国家时局，也不放弃对国家纷繁复杂的解体和内战的担忧。南斯拉夫动荡不安的局势始终是库斯图里卡创作的故事背景。他把这种对国家无处安放的忧虑情绪全部释放在自己的作品中，转化成了极端的荒诞、隐喻、暗讽，以及吉卜赛式的浪漫，库斯图里卡的影片体现出了各种情绪的强烈碰撞与交织。库斯图里卡曾说："我在这样一个国家出生，在那里，希望、欢笑和生活之乐比在世上其他任何地方都更强有力——邪恶也是如此。"

《地下》是以时间为主线的史诗般的长篇，讲述了从1941年"二战"开始，到铁托统治时期以及1992年的南斯拉夫内战这50年的国家兴亡史。故事从德国纳粹侵略南斯拉夫开始，女主角娜塔莉娅是个善良、美丽而年轻的话剧演员，起初是纳粹一名高级军官的情人，反法西斯的共产党员黑仔为此愤恨不平，冲进剧场将娜塔莉娅劫走，从而被德军抓住施以酷刑。黑仔受尽折磨，生不如死。黑仔的朋友马高混入德军老窝救走了他，并在德军展开大规模搜捕之际，把黑仔连同大批的革命者及家属藏在了自己家深挖的地窖中。就这样，马高成了地下这群不见天日的人获取地面消息的唯一渠道。由于马高的诡计和甜言蜜语，娜塔莉娅成了他的妻子。

4年后，经过艰苦的抗争，侵略者们付出惨重的代价，终于被赶走了。马高因其在战争期间的贡献，成为铁托领导下的南斯拉夫共和国的高官，获得荣华富贵，受到群众的崇拜。而马高并不满足于眼前的一切，他用尽各种方法，让地窖里的人们始终相信惨烈的战争还在继续，顽强的战士仍在流血抗争。他们心甘情愿地在地窖里为"革命"制造武器，然而他们做梦也想不到的是，这些武器被马高成批地运往国外，换成了大把崭新的钞票供他挥霍。时间转眼过了20年，因为地下婚礼中产生的意外，地下的人来到地上，有的打算与德军决一死战，有的为了寻找自己的动物朋友，马高则带着走私军火赚来的黑心钱，带着娇妻远走他乡。

1995年，在地下生活了20年，又被德国精神病院关了数年的马高的弟弟伊万得知了真相，沿着幽暗的地下隧道，想徒步走回那个让他日夜牵挂的故乡。然而，此时的南斯拉夫早已经支离破碎、面目全非。黑仔重操旧业，成为当时战争的领袖。马高已经坐在轮椅上，但这丝毫没有影响他的军火生意。看穿一切的伊万愤怒无比地将哥哥打死，自己也上吊而亡。马高的妻子、被黑仔爱慕的娜塔莉娅随后也被乱枪射死。孤独的黑仔万念俱灰，投入井中。而在《地下》的结尾里，所有死去的人都复活了，顺着小岛绿洲沿河漂走，最终幸福地在一起生活。

整部影片充满了混乱与喧闹，也饱含了家仇国恨的撕心裂肺之痛。剧中的娜塔莉娅是故事中所有人的欲望女神，从纳粹到"革命战友"都想得到她。她隐喻了"革命果实"，然而讽刺的是，"革命果实"最终却被投机商人窃取，马高凭借甜言蜜语获得娜塔莉娅的芳心，同时他凭借革命者朋友的身份获得政治上的高位，受到不明真相群众的拥护。这两者何其相似，又何其讽刺。而黑仔被人如此容易地操纵和欺骗，付出了大把的青春，付出了家人的生命，最终被人夺走挚爱，甚至眼看着挚爱被毁灭而无力拯救，可以说是这个故事中最悲情的人物。尽管库斯图里卡说自己的作品无关政治，但事实上生活在战火纷飞的巴尔干的普通人，他们随时面临立场的抉择，沦为被政治人物操纵的角色。

　　1995年，在一次访谈中，采访人谈到《地下》这部电影令人震惊的是人们最终不怎么用语言来表达情绪了，埃米尔·库斯图里卡回应道：“有一天我在看帕索里尼的《定理》（Teorema，1968）的录像带，里面有一点让我印象深刻——真正的电影跟语言表达毫无关系；电影，就是视觉的表达。我不是说一定要如此，但事实证明无论是最好的MTV、最好的广告还是最好的影片，它们主要都是视觉性的。另有一种电影体系，传承了希腊悲剧或19世纪戏剧的传统，主要依靠于语言。电影已经变了。从前电影中有美感存在，是因为作为导演，我们有时感觉像受了伟大作家的影响，但现在不再是这样了。这个世纪是电影的世纪，因为电影不仅是对文学的一个总结，同时也融合了绘画和许多其他元素。”[1]

　　这部影片引起了轰动，不少影评家为之惊叹，很快斩获了国际电影界多个重要奖项，包括第48届戛纳电影节金

---

[1]选自《很久以前……地下》（Il était une fois... Underground），巴黎：电影手册出版社（Éditions Cahiers du Cinéma），1995年版。采访人为塞尔日·格伦贝格（Serge Grünberg），李竞言译，转引自《历史悲剧的维度——欧洲电影大师访谈与研究》，河南大学出版社2017年10月版。

棕榈奖、威尼斯电影节最佳导演奖、法国卢米埃尔奖最佳
外语片、日本电影旬报奖最佳外语电影导演奖、波士顿影
评人协会最佳外语片奖，以及波兰金蛙奖提名、第21届法
国凯撒奖最佳外语片提名、捷克狮子最佳影片提名、阿根
廷影展最佳外语片提名和独立精神奖最佳外语片提名。

与成功相伴的还有来自四面八方的批评。批评者们对
戛纳电影节评奖的结果表示强烈抗议。其中，最犀利和尖
锐的批判来自他的故乡萨拉热窝。他们没有看到库斯图里
卡嬉笑讽刺的背后所深藏的对家乡的哀愁和对战争的痛恨。
他们不懂库斯图里卡在铺天盖地的玩笑、戏谑、嘲弄背后
隐藏着对于纯真美好家园的憧憬。外界的批评像一座大山
一样压在库斯图里卡心头，他因此心灰意懒，甚至一度对
外宣称从此不再拍片。

《地下》的结尾处有一个十分经典的镜头。伊万从被关
了几十年的德国精神病院急促地跑进幽暗的地下隧道，途
经此地的汽车司机问他去哪儿。他回答："南斯拉夫。"汽
车司机却一脸嘲笑地回答："地球上早已经没有南斯拉夫
了！"然后发出笑声，绝尘远去。镜头中独留下伊万在原地

瞪大干涩鼓胀的眼睛发呆。这不正是库斯图里卡本人寂寥心境的写照吗？库斯图里卡借伊万之口，表达了他的真实想法："当我们向子孙讲述这个故事时，它会像所有故事那样开始：很久很久以前，曾有一个国家，它的名字叫南斯拉夫，首都是贝尔格莱德……"

03 ／ 打造梦想的田园天堂

电影毕竟是埃米尔·库斯图里卡的一生挚爱，令他无法割舍。在《地下》拍摄后的 3 年，他还是不甘就此沉寂，再次执导，重操旧业。从 1998 年到 2004 年期间，他拍摄了《黑猫白猫》《巴尔干朋克》《生命是个奇迹》3 部享誉全球的电影。

为了拍摄《生命是个奇迹》，埃米尔·库斯图里卡建造了一个木头村作为布景。这里后来成为库斯图里卡的常驻地。小镇风景秀丽，可以称得上是田园天堂，是他亲手建立起的乌托邦。拍摄《生命是个奇迹》之前，埃米尔·库斯图里卡原本打算去塞尔维亚西部一带采风，但是当他来到贝尔格莱德远郊的一处山坡时，他改变了主意。当地居民因为风大对此地避之不及，而他却要在这里盖自己的城镇。周围人都问，现在经济不景气，你怎么还要搞房地产呢？库斯图里卡回应得云淡风轻："就是因为经济不景气，所以才要建设，这样提供了就业，人人都有工作，经济不就慢慢振兴了？"这里也是《给我承诺》的主要拍摄地。

埃米尔·库斯图里卡每年都会在木头村举行音乐艺术电影展，吸引学生前来参加，来自世界各国的名人也不在少数。彼时，各界导演、编剧、演员纷纷在此交流自己的想法。带动新人是库斯图里卡一直热衷的事情，他说："我年轻时在布拉格求学，看过太多的影展，但是往往影展都没有想象中的那么好，现在的影展也是一样，让人感到疏远，让年轻人感到被孤立。"于是在他自己的影展中，他以年轻人为核心，旨在吸引来自社会各界的成功人士与年轻人交流，让年轻人融入进来，得到更多的收获。出版商索朗哈姆莫奇这样评价埃米尔·库斯图里卡："他不仅导演作品，还导演自己的人生，将自己的人生变成了电影。他施展出吸睛的巨大潜力，创造了让后人引以为豪的环境。"

想要建造伊沃·安德里奇笔下的城镇，需要对历史好好进行恶补。2014年夏天，库斯图里卡在维舍格勒建造的石头城便一一将这座城市呈现出来。本来维舍格勒是巴尔干半岛不为人知的地方，除了荒凉这里什么也没有。现在它不会像战争期间一样成为一个屠宰场，而是会成为一个充满艺术氛围的美丽天堂。《德里纳河上的桥》是塞语文学史上最重要的一本书，没有导演能够攻下这座诗意堡垒。埃米尔·库斯图里卡也知道怎么拍都会不够好，他聪明有才华，不希望这种事发生。果然他没有让人失望，反而在新层次上将其加以升华，他用建造一所小镇的方式打造了一部永不停歇的电影，供人们慢慢观赏。

就像他的电影一样，库斯图里卡把电影当作人生，他的电影几近癫狂，喧闹而狂放，却是大圆满的美好结局。正是因为现实生活没有这样美好，所以他要把美好呈现在电影中。

04 / 音乐与电影碰撞出火花

埃米尔·库斯图里卡的挚爱不仅有电影，还有音乐。音乐与电影这两种艺术有共通之处，当今导演之中懂音乐的也大有人在，不过库斯图里卡可以说是导演中最优秀的贝斯手。库斯图里卡执导的电影中，无论是在悲痛的葬礼上，还是在欢乐的婚礼上，抑或在枪林弹雨中，都经常有一支神秘乐队出现。在电影《地下》中，参战的坦克兵身上都绑着一把精致的手风琴，它与枪弹一样，都是这场战争的参与者。在他的第一部剧情长片《你还记得多莉·贝尔吗》中，也表达了库斯图里卡对音乐的特殊情感。青少年文化宫的领导一脸兴奋地宣称，萨拉热窝即将成为流行音乐的中心。没错，作为当时南斯拉夫文化大省的波斯尼亚，确实有底气这样说。库斯图里卡在首部电影中便深情回忆了自己少年时期组建乐队的经历。

那个经常出现在他的电影作品中的乐队，正是埃米尔·库斯图里卡自己的乐队"无烟地带"。在铁托时代末期，正是欧美朋克音乐的巅峰时期，库斯图里卡已经成为一名朋克乐手，是该乐队中不可取代的人物。"无烟地带"乐队的音乐风格融合了朋克、爵士和吉卜赛音乐的特色，就像他的电影一样，充满了喧闹与狂欢。库斯图里卡把这种音乐称为"融合了希腊、犹太和拜占庭时期音乐元素的塞尔维亚音乐"，这是一种神奇的"含酒精的爵士乐"，能让人"不喝酒也会醉"。有趣的是，他们很少在录音棚录制唱片，唱片数量寥寥无几，仅出版过5张专辑，库斯图里卡参与了后3张的录制。"无烟地带"更常见的演绎形式是靠吉卜赛式的世界巡演，从1999年至今，他每年都随团办七八十场演唱会，所到之处广受欢迎。

最初，埃米尔·库斯图里卡在家里和朋友一起自学贝斯。库斯图里卡并不局限于流畅的弹奏带来的快感，而是乐于思考音乐背后的哲学命题。深入体会之后，库斯图里卡很快发现，音乐的真谛不在于弹奏乐器的技巧多么高超，而在于向听众传达音乐的能量。无论何种水平的贝斯手，只有传达快乐的、富有积极的能量，和观众通过音乐进行交流和沟通才是最重要的。而这也是库斯图里卡电影中所追求的。音乐对于库斯图里卡的影响渗透到了他的电影作品中。

他把自己的电影与音乐的天赋巧妙地融合在一起。在拍电影时，他对电影中的配乐有很好的把控，对音乐及声音的运用都个性十足，自成一派。他认为作为一个导演，就要控制好电影中的一切。电影《黑猫白猫》的原声就是由库斯图里卡本人的乐队"无烟地带"亲自完成的。《生命是个奇迹》中的背景音乐由库斯图里卡亲自作曲配乐，和他合作的还有乐队的小提琴手德扬·斯帕瓦洛，而作词部分则由拉季奇完成。三人的齐力合作成就了观众的视听盛宴，这也印证了音乐是库斯图里卡的电影中不可或缺的重要组成部分。

埃米尔·库斯图里卡的电影和音乐种类繁多、风格各异，你可以在他的作品中听到优雅的古典音乐、激烈的爵士乐、吉卜赛音乐、神秘的巴尔干各地民歌、民谣、雷鬼、探戈、保加利亚舞曲、斯拉夫舞曲、阿拉伯音乐、犹太音乐、非洲民谣、弗拉门戈、高科技舞曲，甚至疯狂的摇滚乐等，简直是一场世界音乐的大融合。他的音乐灵魂是来源自吉卜赛的"Unza Unza Music"。"Unza Unza"不只是一种音乐，它所传达的是一种向上的精神哲学，是一种生活在贫瘠的土地上仍然拼命向上成长的昂扬斗志。"Unza Unza"是温婉的、是抒情的，尽管库斯图里卡的电影有时会展现社会的荒诞，类似于贝克特；或者在他故事的嘲讽中看出他的黑色幽默，类似于冯尼古特，但与现代主义的忧愁阴郁和后现代的无奈分裂不同的是，在库斯图里卡艺术创作的骨子里，更深一层的表现，还是贴近于斯拉夫人的艺术传统。真正了解他的人，才能体会到他作品中所沉积和隐含的富于泥土和人间气息的情感。

1980年，埃米尔·库斯图里卡与朋友成立了乐队。那一年正值铁托去世，可以说"无烟地带"的建立在某种程度上是当时环境下的产物。乐队刚刚成立时，库斯图里卡并没有参演，因为当时他正在筹拍自己的第一部电影。后来由于库斯图里卡一直忙于拍摄电影，也没有加入乐队的表演中。

1999年美国轰炸贝尔格莱德时，库斯图里卡参与乐队的演出中。他认为这是对轰炸的一种回应，他以此来回应那些西方媒体宣扬的所谓贝尔格莱德人民的残酷与非正常。他这样做的目的在于体现自己国家悠久的文化和历史，让西方乃至世界看到一个不一样的南斯拉夫。为了躲避轰炸，库斯图里卡同"无烟地带"乐队来到一个希腊的小岛，在那里他们制订了详细的计划，追寻南斯拉夫文化的根源，创建了属于自己的音乐风格。2000年他们疯狂的欧洲巡回开始，17年来，他们几乎走遍了每一个国家。在没有主流大公司支持、没有商业化运作的前提下，"无烟地带"几乎跑遍了世界，也把南斯拉夫文化传遍了世界。目前"无烟地带"仅有10名固定成员，但现场的情况有时还会增加乐手，他们如马戏团狂欢节般的演出现场令无数人为之痴迷与疯狂。

2001年，埃米尔·库斯图里卡拍摄的《巴尔干朋克》详细介绍了"无烟地带"的心路历程和乐手成长的故事。从影片中可以看到，乐手们曾经在小酒馆中厮混，也曾经走在乡间田野，他们一起聆听吉卜赛音乐，一起在各种婚丧场合演奏，他们的音乐充满了巴尔干的狂野、疯癫、悲苦与喜悦，看似玩世不恭，却坚持着理想的风格。

埃米尔·库斯图里卡承认做音乐是一件趣事："你可以拍电影，但不能一辈子只做电影，你总要有点其他事情。我们的乐队巡演没有电视台支持，没有赞助商，全凭自己的表演，每场演唱会都很成功，让我们有机会演下一次。这是我们存活这么久的原因。"

尽管埃米尔·库斯图里卡精力旺盛，从来不知道休息为何物，但仍然苦于分身乏术。所以当他拍电影时，乐队就不能办演唱会。于是库斯图里卡想到创作一个歌剧，让乐队的其他成员在他拍电影时也有工作。很快歌剧版《流浪者之歌》在巴士底歌剧院上演，并得到法国制作人马克·狄多曼尼哥和歌剧院的出资赞助。这个剧院简直是导演们的天堂，可以实现他们的任何想法。光舞台就有 100 平方米，可以上演各种技术复杂的歌剧。全世界只有 5 座剧院能上演此剧，是库斯图里卡极为骄傲的创作。歌剧的演出大为成功，被法国人认为是十年不遇的文化盛事。演出时共有 100 位演员参演、200 位技术人员在幕后忙活，能将电影手法运用在剧场上是非常罕见的，这部歌剧的换景速度和独特调度在世界上都是空前的。

埃米尔·库斯图里卡的兴趣广泛，他不仅热爱电影与音乐，对足球也从小就保持着兴趣。他认为足球是现代最有活力的运动，空间感是拍摄电影的第一要素，足球也需要这种空间感。在某种层面上来讲，足球也是一种艺术。在采访中，他曾承认如果没有进入布拉格表演艺术学院读书，他会成为一名优秀的职业足球运动员。这一兴趣一度驱使他拍摄了著名球星马拉多纳的故事——《球王马拉多纳》。为了拍摄此片，库斯图里卡花费两年的时间横跨欧美，用他身为电影人的执着与毅力，一路跟随着马拉多纳的足迹，从细节挖掘深度，记录了这位世纪球王鲜为人知的成长历程。而他电影的主角马拉多纳在采访中说道："只有库斯图里卡的电影才是我的电影。唯有他能够穿透我的心，捕捉到我真实的人生历程，无论是在光荣的时刻，还是衰败的片段。"

做演员是埃米尔·库斯图里卡最早接触和参与的电影工作。与他合作过的导演称赞他是最让自己省心的演员，如果让他们选择演员，库斯图里卡永远是他们的第一选择。在被问及是否喜欢自己扮演的角色时，库斯图里卡表现得非常谦虚。因为自己是导演，所以他知道如何很好地满足其他导演的需求，配合团队来高效地完成工作。

作为作家和编剧，库斯图里卡出版了自传《我身在历史何处》和小说《婚姻中的陌生人》，在国内畅销，并被翻译为多种语言出版。

关注社会、关注美学、关注环境，这些都是库斯图里卡认为下半生应该投入的事业。他想要推动一些事，如果不做这些事，他会认为自己卡在瓶颈中。每当他完成了一件事，就会一头栽入新的挑战和行动，没有时间享受名利，且总是精力旺盛。他没有时间欢欣鼓舞，不断坚定自己的立场和观点，不断地奋战和工作。他正在进行手头的工作时，目光却会放在更远的地方。不论是建造城镇、编剧、写作还是拍电影，仿佛这些他都能够同时进行。他的朋友评价："他的脑袋里可以同时思考100件事，跟他比都会让我觉得自己太笨，不管做什么，他都能坚持到底，他又很会说服人，是真正的领袖，要是他从政肯定会做得更好。""他有让理想实现的本领，他的创作吸引世界的目光，批评者都是井底之蛙。"

05 / 库斯图里卡与中国

埃米尔·库斯图里卡作为大师级导演，受到了全球影迷的追捧与赞美。中国的粉丝亲切地称他为"老库"。2004年在中国广大粉丝的翘首等待中，戛纳参赛片《生命是个奇迹》在中国上映，为老库吸引了更多的中国粉丝。

2012年9月30日，正是中国的传统佳节中秋夜，库斯图里卡第一次以音乐人的身份来到中国内地，并且以"无烟地带"贝斯手的身份在上海西岸音乐节参加演出，开场第一首歌便把气氛推至高潮，引得观众尖叫不止，激动不已。这首歌正是南斯拉夫电影《桥》的主题曲 *Bella Ciao*。这首为世界人民所熟知的"啊，朋友再见吧，再见吧，再见吧"，感动了现场每一个人。库斯图里卡就像一位神奇的魔术师，伴着没有规律的舞蹈，和着激情的配乐，把后半场的演出变成了上海的吉卜赛狂欢，给中国乐迷留下了深刻印象。

2016年，埃米尔·库斯图里卡担任第19届上海国际电影节金爵奖主竞赛单元主席。在上海电影节的论坛上，库斯图里卡谈了他对中国 IP 电影的看法。他认为中国去年有大多数电影都是一些游戏所带来的 IP 拍摄的，这不是一个好的现象。

埃米尔·库斯图里卡对帮助年轻人十分上心，曾有一名中国的年轻导演特意跑到塞尔维亚问他怎么拍电影，库斯图里卡不仅给予他指导，而且主动为其担任监制。他一点儿也不担心商业性的电影会与自己的大师风格相悖，毕竟，能帮助青年导演对他来说是一件乐事。2017 年 3 月，库斯图里卡应中央戏剧学院电影电视系的诚挚邀请，访问了中央戏剧学院。在名为"埃米尔·库斯图里卡的关切与质询"的大师公开课上，老库与中国学生展开了亲切互动，对电影创作、中国电影发展的可能性展开热烈讨论。库斯图里卡表示已经准备好在中国拍电影了。他说："受荣格理论的启发，谈人和符号的关系，我认为现在西方社会神秘性的一面在逐渐丢失，而中国给我很多灵感，这里的生活会带来很多冲突和故事。特别是随着中国成长为世界最重要的经济体，我想找一些有关人性和神秘性的故事。"不过库斯图里卡也打趣地说自己"会非常小心"。在库斯图里卡眼中，拍美国或是塞尔维亚都没什么区别。"所以，为什么不站在人类的'普世价值'上拍一部有关中国的电影呢？"

2017年6月，埃米尔·库斯图里卡再次被邀请参加第20届中国上海国际电影节，借此契机，他的"无烟地带"乐队也一同前来，为中国粉丝奉上了完美的视听盛宴。

欧洲当代文学传播者

——亚历山大·黑蒙

　　亚历山大·黑蒙（1964— ），波黑著名作家和文学评论家，出生于奥匈帝国时期波黑地区的萨拉热窝。1992年，在一次旅美途中，由于波斯尼亚战争爆发，黑蒙无法回国，留在了芝加哥。黑蒙在26岁时出版了他的第一本书《恐怖分子》，之后他又写成《拉扎卢斯计划》，这部小说获得2008年度美国图书奖以及2008年度美国书评奖，被《纽约时报》评为年度第一图书。除此之外，他还著有小说《无境之人》《爱与障碍》等，作品常发表于《每日波黑》《纽约客》《时尚先生》《巴黎评论》《纽约时报》等欧美主流报刊。此外，黑蒙还编有《最佳欧洲小说》，是欧美文坛极具影响力的当代作家和文学评论人。黑蒙所有的故事都在以某种方式描绘南斯拉夫战争、波斯尼亚历史或芝加哥的生活，但这并不意味着乏味；相反，这些作品的体裁变化明显，具有丰富的阅读趣味。

01 / *移民美国的异乡人*

亚历山大·黑蒙 1964 年出生于萨拉热窝，他的父亲带有部分乌克兰和波斯尼亚血统，他的母亲是波斯尼亚人。他的祖父在第一次世界大战前从西乌克兰来到波黑，彼时波黑与西乌克兰都在奥匈帝国的统治之下。

少年时代的亚历山大·黑蒙过着无忧无虑的日子。与父亲下棋的时光无疑是他最为光彩夺目的记忆片段。那时黑蒙和他的父亲常常下棋，每一局结束需要重新布子的时候，他的父亲都会拿起一个黑棋子、一个白棋子，在两只手里各放一颗，让黑蒙猜哪只手里抓着白色棋子，猜不中就得去搬棋子。他的母亲很反对父亲对他的压倒性胜利，认为孩子需要体验胜利的喜悦才能成功。他的父亲则认为，生活的现实根本不容半点矫情，一切都得靠自己争取。作为一个工程师，黑蒙的父亲以不掺杂感情的纯粹理性，坚持认为知识的用处是在不断尝试和失败之后才体现出来的。而对于黑蒙来说，失败似乎是常态，而知识没有半点用武之地。

在国际象棋的棋盘上，亚历山大·黑蒙只能预见两三步；在与父亲的对弈中，则容易陷入父亲设置的陷阱，不得不交棋认输。每次下棋结束，父亲都会带着他一起复盘，认真地指出他的失误，进而延伸开去，指导他的生活、学习，甚至告诉他怎么做好物理作业。黑蒙喜欢赢的感觉，喜欢在游戏中投入时间和精力，追求胜利。他总是通过思考获得游戏的胜利。通过对游戏策略的思考，打败对手并不是什么难事。在玩游戏的过程中，黑蒙渴望对手与他聊天，使对方陷入他的语言陷阱，分散对方的注意力，黑蒙经常用这种技巧让对手输掉游戏。

完成学业后，亚历山大·黑蒙获得了萨拉热窝一家杂志社的编辑职位。黑蒙和两名同事合租了一间公寓。他的生活开启了新篇章，他有了自己的工作及住处，从一名与父母住在一起的孩子转变为独立生活的社会人。1992年，黑蒙离开萨拉热窝去往芝加哥旅行。原本黑蒙只打算在芝加哥待上几个月，然而就在此时，波黑战争爆发了，他的父母和姐姐离开了萨拉热窝，他也无法返回。

26岁的亚历山大·黑蒙从未想过会在萨拉热窝以外的

地方生活，也从未想过定居他乡。初来乍到的黑蒙并不知道自己该如何在芝加哥生活。在萨拉热窝，街坊邻居彼此熟悉，每个人都很难匿名，甚至对于波斯尼亚人来说"隐私"这个词都不存在。如果你在萨拉热窝，你的同事会非常了解你，就像你非常了解他们一样。在萨拉热窝，每个人都通过周围人找到了自己在人群中的位置。然而，在芝加哥人们不会聚集在一起生活，每个人都是独立的个体，每个人都独自生存。能力、隐私对于芝加哥人来说才是最重要的。黑蒙感到非常不适应，在这里他无所适从。

当亚历山大·黑蒙漫无目的地在芝加哥街头找工作时，这种不适应感更加明显了。黑蒙发现在芝加哥找工作一点儿也不像美国电影中那样——在街头随便走走聊聊就轻松得到了一份工作。在拒绝了数个不合适的招聘后，黑蒙获得了他在芝加哥的第一份合法工作——为绿色和平组织做拉票活动。当黑蒙第一次打电话给绿色和平组织办公室时，他甚至不知道这份工作是干什么，不明白"拉票"是什么意思。初来乍到的黑蒙英语还不熟练，这种浓浓的外乡口音甚至让他害怕和美国人在他们的家门口聊天。不过，黑蒙喜欢这种可以自由走动的工作。在他刚到芝加哥的这年夏天，他发现自己的拉票能力提升很快，甚至有美国人邀请他到自己的家中做客。这时的黑蒙一边进行他的拉票工作，一边认识芝加哥这座城市，他几乎爱上了这种在街头漫步的日子。同时，轻松的芝加哥生活并没有抹去黑蒙对正处于战争中的萨拉热窝的关注和担忧，黑蒙只能通过电视屏幕得知故乡的情况，眼睁睁看着故乡陷入惨状。波斯尼亚战争持续了 3 年，对于黑蒙来说，这 3 年或许是他人生中最不愿回想的 3 年。

1994 年 12 月，亚历山大·黑蒙辞掉了拉票工作，开始做德保罗大学国际人类权益法律学院的志愿者。在这里，他可以获取波斯尼亚战争犯罪的相关资料。同年，他考入了北方的一所学校继续志愿者活动。然而，一开始并不顺利，因为人们既不认识黑蒙，也不知道他曾经住在哪里。黑蒙看起来就像一名间谍，相关的负责人只让他做一些简单的志愿活动，比如负责一些数据录入工作。

后来，随着人们对他越来越熟悉，亚历山大·黑蒙渐渐可以负责一些有关萨拉热窝被损毁的建筑照片的修复工作。在这些建筑照片中，房子要么没有了屋顶，要么被烧毁了，或者窗子都没了。照片中几乎没有人，但黑蒙却感觉自己像是在确定死亡人数的工作人员。这种感觉并不好。这些照片让黑蒙不时回忆起萨拉热窝的街道、亲人，以及自己在萨拉热窝生活的点点滴滴……日复一日，黑蒙一边继续进行着对萨拉热窝相关照片的修复工作，一边在空闲时间随意穿梭于芝加哥的大街小巷，与人们打招呼、聊天、去酒馆喝酒，和人们下几盘棋。就像在萨拉热窝一样，他对芝加哥渐渐地熟悉起来，融入了附近的社交圈了。很快，黑蒙感到自己成了一名"当地人"。黑蒙写下了此时的心情，这是他用英语写的第一个故事。然而，黑蒙并没有什么机会写作，虽然他已经在芝加哥待了两年，对芝加哥风土人情不适应还是让他抽不出太多时间安心写作。后来，黑蒙另外找了一个可以专心写作的地方。在这里，他可以整理自己的经历然后写出故事，就像小时候通过思考游戏结局和相应的策略来整理游戏思路一样，通过写作黑蒙可以整理自己的内心，并诉诸文字。当写作代替游戏成为整理自身思考和经验的那一刻，国际象棋对黑蒙变得不那么重要了。

1997年，一位萨拉热窝的友人前来拜访亚历山大·黑蒙，这位友人向黑蒙讲述了战争中萨拉热窝的情况，并十分关心黑蒙在芝加哥的生活。黑蒙也向他讲述了他所了解的芝加哥的一切。他突然意识到，从本质来讲，作为一名移民他已经开始从外部渐渐融入美国。黑蒙差不多已经接受了芝加哥的一切。现在的他几乎也可以说已经拥有了芝加哥的一切。曾经，黑蒙以萨拉热窝的视角看待芝加哥，而现在，这两个城市对他的影响已经融为一体，甚至创造出了一份更为复杂的生活体验，在他心中芝加哥已经是不可分割的一部分。

02 / 尝试英语写作的小语种作家

从萨拉热窝到芝加哥，从无忧无虑的青年到移民异国的成年作家，亚历山大·黑蒙像是一粒偶然被吹到美国的蒲公英种子，乘着萨拉热窝的暖风，默默地在美国文学之林生了根，发了芽。

然而，作为一名在美国的波黑人，对异国语言的适应是亚历山大·黑蒙面临的一个无法回避的难题。特别是对于作家来说，语言总是非常私人的。我们所使用的语言总是饱含着许多情感上的内容。从父母第一次对我们说话开始，经过一次次地重复，情景化的记忆连同母语每一句话里的含义就这样潜移默化地印刻在了我们的脑海中，成了我们非常私人的一种体验和经历。然而，这种与母语相关的非常私人化的体验和经历也限制了我们的选择。在黑蒙看来，如果他能将这些记忆与另一种语言相联系并进行转化，那么这些记忆或许会为他带来不同的价值。

语言的改变带来了亚历山大·黑蒙写作中故事叙述本身的变化。萨拉热窝人讲故事时可能会有所夸大和美化，甚至有时夸张得厉害。这与美国人是不同的。美国人会永远对真实抱有幻想，人们一直渴求真实。黑蒙可以接触到各种各样的文化，他的心中也充满着各种疑问：直到我离开芝加哥，我必须一直写同样的东西吗？或者，如果我一直用波斯尼亚语写作，事情会变得不一样吗？当黑蒙从用波斯尼亚语写作转为用英语写作时，这种经历让他对自己、对语言以及对自己的过去的认识都产生了重要的改变。

在来到美国的第八个年头，亚历山大·黑蒙出版了他的第一本英文小说集《恐怖分子》。在这本小说集中，黑蒙构建了 7 篇短篇故事和 1 篇中篇小说，向读者描绘了战争背景下一个个恐怖分子的故事，字里行间有着东欧作家果戈理和卡夫卡式的幽默，从语言风格上也明显感受到博尔赫斯和卡尔维诺对作者的影响。也许是这段移民经历给他带来的变化，黑蒙像是一位悲剧作家，也是一位杰出的讽刺作家，《恐怖分子》的每一页似乎都在从一个战争时期移民者的角度向读者讲述那段时期被摧毁的文化和生活。《恐怖分子》出版后在文学界产生了热烈反响。《时尚先生》将其评为十佳好书之一，《洛杉矶时报》将其视为 2000 年最佳图书，《华盛顿邮报》将其看作文学界的"狂欢"，《观察者报》将黑蒙看作"这个时代的新昆德拉"。

《恐怖分子》出版后，亚历山大·黑蒙获得了无与伦比的文学赞誉，被誉为"最原始、最打动人的英语语言大师"之一。2008 年，黑蒙将这种天赋通过另一种体裁的小说，将历史的氛围和细节交织在一起，最后汇成了一系列尖锐而动人的当代故事——《拉扎卢斯计划》。

《拉扎卢斯计划》中的"拉扎卢斯"指的是一个从东欧到芝加哥的 19 岁犹太移民——拉扎卢斯·阿费尔布赫。1908 年 3 月 2 日，拉扎卢斯敲开了芝加哥警察局长住处的前门，并向警察局长提供了他所说的一封重要的信。警察局长没有拿这封信，而是两次开枪打死了他，并发表声明称，拉扎卢斯是一名潜在的无政府主义刺客和外国特工。这件事令这个城市开始酝酿着种族矛盾和政治紧张的氛围。如今，在 21 世纪，同样来自东欧、定居芝加哥的黑蒙对拉扎卢斯的故事十分着迷：到底发生了什么？为什么会发生这种事情？为了了解拉扎卢斯·阿费尔布赫，亚历山大·黑蒙和他的一位萨拉热窝的战地摄影师朋友罗亚重回东欧寻找拉扎卢斯事件发生的真相。他们的足迹遍布整个东欧，在这期间，他们记录了大屠杀和民众苦难的历史，以及当今黑手党的故事。在表现形式上，《拉扎卢斯计划》是一个以照片为载体写成的小说。黑蒙根据摄影师朋友罗亚在他们的旅程中所拍摄的照片，创造出一种真正原创的、具有真

实性和煽动性的小说。在《拉扎卢斯计划》中，这些故事
有时是滑稽的，有时是令人心碎的。通过黑白照片，这本
书记录了那个时代战争的残酷、人们的失落和绝望，充满
了对屠杀者的愤怒和对人民的同情，人们被这种残酷的现
实唤起的正义感所触动。作品充满了幽默和笑话，与此同
时，表达了一种难以形容的悲哀。它的结构很巧妙，交错
讲述了拉扎卢斯被杀的故事（故事是布里克写的）和布里
克寻找拉扎卢斯的故事。与当代小说大多着眼于小事件不
同，黑蒙更倾向于从一个更为大胆的、包罗万象的、引人
入胜的领域来讲述故事。这本书做到了最佳小说应当做的
事情，它让公众充分感受到那一段混乱时期的黑暗和苦难。
在这令人心碎的故事氛围中，黑蒙带领我们回到开始，重
新解读整件事，让历史最终得以重现，尽管过去的一切都
烟消云散了。

　　《拉扎卢斯计划》让亚历山大·黑蒙一次又一次地成为
我们这个时代最具活力的作家，他的作品是那个时代最基
本的文学声音之一。这部小说获得 2008 年度美国图书奖以
及 2008 年度美国书评奖，还被《纽约时报》评为年度最佳

图书。

对于黑蒙来说，他的心中存在着一个丰富多彩的世界，他并没有被禁锢在萨拉热窝的文化中无法走出，也没有被限制在波斯尼亚语的围栏中。波兰诗人米沃什曾经说道："我到过许多城市、许多国家，但没有养成世界主义的习惯。相反，我保持着一个小地方人的谨慎。这表明我害怕被打碎，害怕失去我的中心，我的精神家园。"显然，黑蒙并不害怕"被打碎"，相反，他就像打碎的坚果仁与牛奶相混合。通过在芝加哥的生活，黑蒙已经将萨拉热窝的人生坚果打碎并和芝加哥的点点滴滴相融合了。在这时，黑蒙对自我的认同也不再单单是萨拉热窝人，他完成了多角度多层次的自我认同。因此，我们也就不难理解，为何在黑蒙的笔下，既有彼地的中国、尼日利亚、瑞士、土耳其，也有此地的美国；既以此地的美国为棱镜折射出彼地的秘鲁、印度、塞尔维亚，又以彼地为镜反映出此地的美国。

03 / 为小语种作品带来曙光

在美国，只有为数不多的几位作家在进行翻译小语种作品的工作，如罗伯特·波拉诺、斯泰格·拉尔森和佩尔·彼得松。然而在波拉诺和拉尔森都去世后，美国小语种文学市场渐渐呈衰败之势。因此，由亚历山大·黑蒙编辑的《最佳欧洲小说》的问世，仿佛是一道照亮了世界文学的曙光，为世界文学爱好者呈现了当代欧洲小说的总体面貌。从阿尔巴尼亚到威尔士，阅读这些来自35个国家和地区的故事就像一次丰富而精彩的欧洲之旅。30岁出头的黑蒙显然已经是一名老道的欧洲文学导游，带领着读者畅游欧洲文学世界。

《最佳欧洲小说》是亚历山大·黑蒙于2009年启动的文学项目，收录了当代欧洲优秀短篇小说创作。《最佳欧洲小说》每年出一辑，精选短篇故事，也有少部分是长篇节选，并不局限于本年度，基本上是一个国家一篇作品。在这本小说集里，你可以读到第二次世界大战中的一匹马看见的故事，一条变成鬼魂的狗的故事，孤儿院的一群孩子在监督人离去后自己照顾自己的故事，女孩子下巨蛋的富有想象力的热闹故事，还有写凶杀、战地巡游、汽车爆炸中的幸存者等令人伤心的真实故事……同时，《最佳欧洲小说》中选取的作家也足够丰富，既有像希拉里·曼特尔这样的名作家，也有刚刚引起英语文坛关注的作者，更多的则是陌生面孔，如前卫的现实主义丹麦作家娜佳·丽·埃迪特，擅长忧郁家庭戏剧的拉脱维亚作家印加·艾伯里等。通过编撰《最佳欧洲小说》，黑蒙致力于发现世界上更多的优秀作家。因此，黑蒙在选择作品时，通常会考虑这篇作品是否可以打破美国传统文学的边界。虽然这些作家对于大部分的美国人来说都很陌生，但黑蒙相信，这些风格各异的欧洲文学作品将会给美国读者带来深刻的阅读体验。

与美国作家相比，《最佳欧洲小说》中的这些欧洲作家更具有冒险性。他们往往是小说道路上的探索者，乐于尝试各种不同的叙述结构，讨论不同的故事发展方向。《最佳欧洲小说》中作品的选择部分是根据黑蒙自己的文学品位来选的。黑蒙曾经说道："欧洲文学是不以市场为导向的，一个爱沙尼亚的作家并不会努力写一本畅销书，因为成为畅销书在爱沙尼亚并不算什么。"

当我们说"欧洲小说"时，实际上是描述了欧洲地区的文学，而不是有赖于欧洲提供资金而发展起来的犯罪文学，尽管欧洲小说商业地位的崛起确实在很大程度上归功于翻译犯罪小说。"欧洲小说"在于强调欧洲一些小国家的小语种文学不被忽视。《最佳欧洲小说》做到了这一点，它收录了所有处于角落的边缘小国以及欧洲大陆所有的小语种作品。毫无疑问，《最佳欧洲小说》打破了欧洲的城墙，让许多小语种作家自由地在世界发声，让整个世界都能听到他们的声音，看到他们的观点。这是一场独一无二的冒险旅程——还有哪本小说集里可以找到冰岛和斯洛伐克的故事吗？

出版这部选集，对于保护欧洲文化的多样性是非常重要的。达尔基出版社希望能将《最佳欧洲小说》做成每年出一期的系列作品，因为对于这些较为冷门的小语种文学来说，读者是需要长期培养的。虽然美国主流市场还是英美文学，但一直以来，世界文学具有它本身的开放性和包容性，文学爱好者也乐于关注和体验不同地区文学间的差异，从而找到阅读的乐趣。在《最佳欧洲小说》系列的第一册《最佳欧洲小说2010》的序言中，查蒂·史密斯写道："我的教育在很大程度上受的是英美图书馆的教育，它有时是无聊的，就好像要你整天盯着相同的四面墙。然而，《最佳欧洲小说2010》就像是在这四面无聊的墙上装了35个崭新的窗口一样，你不必喜欢《最佳欧洲小说2010》中所有的观点，但你也肯定会因为读过这些精彩的故事而感到高兴。"

谦逊的音乐探索者

——哥伦·布雷高维克

　　哥伦·布雷高维克（1950— ），世界知名的巴尔干音乐家和作曲家。他出生在波黑地区的萨拉热窝的军人家庭，年轻时就热爱摇滚乐，首次将摇滚乐引进南斯拉夫，并且组建了备受年轻人追捧的"白色纽扣"乐队。1991年，随着前南斯拉夫的解体和国内战争的爆发，他去了巴黎，遇到了电影导演埃米尔·库斯图里卡。库斯图里卡邀请他为自己的电影配乐，由于这些经典的配乐，布雷高维克声名远播。在巴黎这个富有艺术气息的城市，他尝试了许多不同的音乐风格，对音乐的探索越来越深入，并组建了自己的管弦乐团。乐团去各地巡回演奏期间，观众跟着音乐或哭或笑，尽情释放自己的情感。布雷高维克不仅在音乐方面有较高造诣，他还参加过电影的制作和演出。尽管他多才多艺，仍然非常谦逊，一直保持着对音乐的热情和探索。

01 / 几度辍学的音乐爱好者

1950 年 3 月 22 日，哥伦·布雷高维克出生在波斯尼亚的萨拉热窝，父亲是克罗地亚人，母亲是塞尔维亚人，这样的家庭环境既反映了南斯拉夫多种族的交融，也预示着布雷高维克会受到多种文化和音乐风格的熏陶。布雷高维克有一个姐姐和一个弟弟，父亲和祖父都是上校，父亲在萨拉热窝的一所军事学校教弹道学，一家五口的生活平静而温馨。然而，在布雷高维克 10 岁的时候，父母离婚了。据布雷高维克回忆，父母婚姻破裂的主要原因是父亲酗酒。最终，布雷高维克选择跟着母亲继续在萨拉热窝生活，父亲则带着弟弟去了利夫诺。热爱音乐的布雷高维克被母亲送去一所音乐学校学习小提琴，然而，因其对小提琴缺乏天赋，他在进入学校的第二年就被开除了。之后布雷高维克只能从朋友那儿学习音乐，但这种学习是非常有限的。直到母亲为十几岁的布雷高维克买了人生中的第一把吉他，布雷高维克的音乐生涯才真正开始了。

随后，哥伦·布雷高维克想进入一所艺术高中，但是，母亲决定把他送到另外一所技术学校。作为交换的条件，布雷高维克可以留自己喜欢的长发。在入学之际，布雷高维克加入了学校乐队，成为一名贝斯手。正当布雷高维克对自己的音乐生活满怀期待之时，他又被学校开除了，原因是他开车时不小心撞到了学校的一辆奔驰车。无奈之下，布雷高维克只能再换一所学校。这次，他进入了一所文法学校。虽然屡次被学校开除，但是布雷高维克并没有放弃自己对音乐的追求和热爱。在这所学校里，他为学校乐队演奏，继续着他的音乐梦。不久，考验又一次降临到这位热爱音乐的年轻人身上。16岁时，他的母亲搬去海边居住，从此他只能独立养活自己。为了能生活下去，他去科尼茨演奏民间音乐，去建筑工地帮工，去卖报纸……这段日子虽然异常艰辛，但也正是生活所迫，他才常常去酒吧或者其他场所进行演出，这些经历让布雷高维克快速成长起来。在1969年的一场演出中，19岁的布雷高维克遇到了Kodeksi乐队的歌手塞尔杰克·贝贝可勒尔，他邀请布雷高维克来当乐队的贝斯手，布雷高维克欣然接受。1970年，

Kodeksi 乐队已经有包括贝贝可勒尔和布雷高维克在内的 4 名成员。之后，他们被邀请到意大利进行演出。在意大利的演出过程中，乐队的成员不断变更，随着武卡希诺维奇的加入，这个乐队的风格开始转变。武卡希诺维奇受到了齐柏林飞艇乐队和黑色安息日乐队的影响，他提议将乐队风格改为摇滚乐，这让在乐队中担任民谣吉他和歌手的贝贝可勒尔感受到压力，认为自己不被重视，因此在 1970 年的秋天，他离开乐队回到了萨拉热窝，剩下的 3 人则继续在意大利的演出。1971 年春天，他们不得不回到萨拉热窝，因为布雷高维克的母亲来到了意大利，想带他一起回到故乡，于是乐队迁到了萨拉热窝。在萨拉热窝，他们筹划了一场演出，这场带有摇滚元素的演出让他们小有名气，并因此获得了在萨拉热窝电视台表演的机会，但前提是他们要录制一首自己的单曲。由于时间紧张，单曲的质量不尽如人意。这次表演的失败，让武卡希诺维奇心灰意懒，他决定离开萨拉热窝，去伦敦发展自己的音乐事业。这就意味着 3 个人的乐队宣告解散。

1971 年秋天，乐队解散后，哥伦·布雷高维克进入萨拉热窝大学的哲学系,开始了对社会学和哲学的研究。然而,他很快就辍学了,继续追逐自己的音乐梦想。此时,布雷高维克已经有了一些自己的曲子,想组建一支乐队,但一直没有合适的伙伴加入。就在此时,曾经 Kodeksi 乐队的两名成员加入了进来。此时还缺少一名合适的歌手,布雷高维克想到了贝贝可勒尔并向他发出了邀请,尽管贝贝可勒尔很快就要去参军,但他还是接受了布雷高维克的邀请。曾经的 Kodeksi 乐队的所有成员又聚在了一起,不同的是,乐队名称换成了"黎明"(Jutro),布雷高维克担任吉他手和作曲。当时的布雷高维克还没有意识到,这个乐队会在以后成为前南斯拉夫最受欢迎的乐队。

02 / 名声大噪的"白色纽扣"乐队

黎明乐队成立之初,哥伦·布雷高维克以乐队成员的身份写了第一首歌曲《我已经忍受了10天的折磨》。歌曲的风格比较激进，这首歌曲由贝贝可勒尔演唱。1972 年，他们发行了第二首单曲《我依旧属于你》，这首歌发行后不久，主唱贝贝可勒尔应召入伍，乐队的其他成员决定等贝贝可勒尔服完兵役以后再继续演出。在等待主唱贝贝可勒尔归来的时间里，他们又录制了 4 首单曲，由于对乐队的音乐方向不满意，成员 Arnautalić 在 1972 年底决定离开乐队。这次的离开并不愉快，他坚称"黎明乐队"这个名字是属于自己的，这次的不愉快也为乐队名字的更改埋下了伏笔。此后的时间里，乐队成员不停更换，录制歌曲的进程也一拖再拖。幸运的是，他们得到一位音乐制作人的认可，这位音乐制作人允许他们秘密录制歌曲，这才有了后来大获成功的歌曲《如果我是白色纽扣》。这首单曲的流行让人们认识并记住了这支乐队。后来，布雷高维克接受了音乐制作人的建议，将乐队名字改为了"白色纽扣"（Bijelo Dugme）乐队，与自己大获成功的单曲名称遥相呼应。从 1974 年 1 月 1 日起，白色纽扣乐队正式诞生。在随后的 15 年里，白色纽扣乐队一直是前南斯拉夫最受欢迎的乐队之一。

白色纽扣诞生后的 1974—1979 年是乐队的上升期。在这 5 年里，他们名声大噪。1974 年 1 月，该乐队录制了两首单曲，他们想找唱片公司 Diskoton 帮助他们发行歌曲，但是这家唱片公司拒绝了他们，并说现在已经有大量的签约唱片需要发行，如果他们想要发行，那么必须要等至少 6 个月。这次的拒绝事件被人们认为是这家唱片公司最大的错误。很快就有另外一家公司 Jugoton 愿意帮助"白色纽扣"乐队发行音乐唱片，他们之间签订了一个长达 5 年的合作协议。于是，"白色纽扣"乐队的这两首歌曲于 1974 年 3 月发行了，并卖出了 3 万张专辑。为了推广他们的歌曲，"白色纽扣"乐队开始在一些小城镇进行巡回演出。这时，乐队成员斯坦科维奇认为布雷高维克不合群，他对于布雷高维克作曲这件事有很大意见。虽然斯坦科维奇还是继续参与"白色纽扣"乐队的演出，但是由于他心里怀着很大的不满，拒绝与乐队的其他成员进行深入沟通交流。因此，乐队其他 4 名成员决定将他驱逐出去。与此同时，他们邀请了另一人加入，继续着音乐事业。随后，他们又继续发行了几首单曲。在 1974 年的卢布尔雅那音乐节上，这支乐队首次有了震撼人心的演出。在这场演出中，他们第一次尝试身穿摇滚风格的服装演出，没想到大获成功。他们吸引了媒体的注意，成为报道的焦点。他们整个夏天都在察夫塔特演出并开始准备他们的第一张专辑。很快，他们发布了单曲。这次，唱片卖到了 10 万张，堪称"白色纽扣"乐队的第一个黄金纪录。同年 10 月，他们发行了自己乐队的首张专辑《如果我是白色纽扣》。在专辑发行的前几天，为了吸引媒体注意，布雷高维克参加了一场演出，但他回忆说这场演出是"白色纽扣"乐队的耻辱，因为当时的演出并不精彩，他们的乐队风格也显得格格不入。因此，他们决定换一种方式来宣传自己的专辑。在表演之后的第二天晚上，他们决定和前南斯拉夫的几个摇滚乐团一起为某著名电台的周年庆典表演。除此之外，他们还在萨拉热窝安排了一场音乐会。种种卖力地宣传与表演，再加上独特的音乐风格，终于为他们赢得了大批粉丝。他们的首张专辑因为高水平的音乐质量和具有时尚性的封面而大卖，甚至打破了前南斯拉夫音乐专辑销售量的纪录，最终这张专辑卖到了 14.1 万张。在这张专辑中，他们将本地的民间音乐混入了重金属摇滚乐，这种音乐风格受到大批年轻人的追捧。当时，有新闻评论家将这种风格描述成"牧羊人摇滚乐"。从此，牧羊人摇滚乐成了前南斯拉夫评论家评论"白色纽扣"乐队演唱风格的专属名词，直到现在也是如此。此时的"白色纽扣"乐队已经崭露头角，但它的上升之路仍未停止。1975年2月底，布雷高维克参加了一场吉他比赛，这场比赛的参与者高手如云，最终布雷高维克和其他3名参赛者被选为最棒的吉他手。随后，比赛的组织者允诺他们4人出一张唱片，唱片发行之后，布雷高维克等4人又进行了联合巡回演出。这次比赛的成功，让布雷高维克被更多人知道和认可。不仅布雷高维克表现出彩，"白色纽扣"乐队的主唱贝贝可勒尔也成绩斐然。在布雷高维克巡演之时，贝贝可勒尔也发行了一首单曲。在这之后，"白色纽扣"乐队开始了他们第一次盛大的南斯拉夫巡回演出。到了1975年的春天，他们已经是南斯拉夫最受欢迎的乐队了。随后，主唱贝贝可勒尔被邀请参加一场盛大的音乐活动，据悉，参加这场活动的人都是当时南斯拉夫最受欢迎的歌手。名声大噪之后，他们开始酝酿第二张专辑。为了专心制作专辑，他们去了波斯尼亚东部的一个小村庄。1975年

11月，他们的第二张专辑在伦敦完成录制。这张专辑的录制并非一帆风顺，中间出现了一些小插曲。在专辑录制之前，贝斯手的手指受伤了，无奈之下，只能由主唱贝贝可勒尔担任贝斯手。尽管如此，大家仍然对他们抱有极高的评价。意料之中，这张专辑再次受到广大歌迷的欢迎和追捧，卖到了20万张。在专辑发行之后，他们开始了巡演。他们原计划借助一场音乐会来宣传自己的专辑，却临时取消了，原因是他们被邀请到南斯拉夫国家剧院，为总统进行表演。但是据说在他们开始表演几分钟后就被叫停了，因为他们的声响太大、风格独特而激烈。之后的一段时间里，贝斯手应召入伍，暂时离开乐队，乐队又吸纳了新成员，继续演出，广受欢迎。

1976年，他们计划发行第三张专辑，这张专辑于当年12月在伦敦发行。在专辑中，不仅有流行的摇滚乐，还有一些简单、易哼唱的民谣。随后，他们在波兰成功举行了9场演唱会。这期间乐队的成员又有了一些变动。之后，他们又在南斯拉夫进行巡演，但是由于乐队成员的频繁变动，乐队内部的冲突开始激化，一些负面的报道开始出现。他们在南斯拉夫的演出并不受欢迎，也因此取消了其他计划中的巡演。为了挽回自己的知名度，他们决定举行一场免费露天表演，这次表演的筹划仅仅用了 5 天，却有 8 万—10 万的观众到场，这也是南斯拉夫历史上观众数量最多的摇滚乐演唱会。然而，这却是他们的最后一次表演，因为布雷高维克即将应召入伍。在布雷高维克入伍之后，"白色纽扣"乐队进入了暂时的低迷期，其间发行的唱片多有负面评论，有人说当时的"白色纽扣"乐队令人悲哀的状况就好像一个国家处在崩溃的边缘。1978 年年底，他们准备筹划第四张专辑，此时的布雷高维克还在萨拉热窝服兵役，因此，他们在萨拉热窝相聚，开始着手准备第四张专辑。经过一番波折，第四张专辑终于在 1979 年 3 月发行了，这张专辑中没有民间音乐元素，而是一些带有情感表达的民谣和重金属摇滚音乐，竟然大获成功，甚至超过了他们以往所有的专辑销量。他们到达了音乐事业的巅峰，举行的演出也场场爆满，好评不断。

从 1980 年到 1982 年，布雷高维克开始了对音乐更深层次的思考，慢慢改变了自己的音乐风格。1980 年，"白色纽扣"乐队发行了第五张专辑，这张专辑里面收录的所有歌曲都是布雷高维克写的，这也是他第一次挑此重任。为了能在预计的日期前完成专辑，布雷高维克不得不用一些药品提神。这张专辑一改他们往日的硬摇滚风格，变得较为柔和，与此相对应的是，他们的外貌着装也有所改变——他们剪掉了长发，剃去了胡须。对于这次的改变，引起了一些讨论，但是总的来说，赞扬的声音居多。发行专辑之后，他们开始了多场演出，都很成功。1983 年 2 月，这支乐队又发行了一张专辑。这次他们没有为新专辑进行宣传活动，只是在专辑发行之后发布了一支关于专辑的录像，这在南斯拉夫摇滚音乐史上属于首次。这张专辑虽然没有获得太大的轰动，但是在随后的巡演中观众反应都很热烈。在发行这张专辑之前，布雷高维克原本想解散这个乐队，但是看到观众如此积极，他便打消了这个念头。然而，1984 年 2 月，主唱贝贝可勒尔由于对乐队的分红不满意，离开了这个乐队，去发展自己的独唱事业。贝贝可勒尔离开之后，乐队成员又开始更换，但并没有影响这支乐队的发展。布雷高维克开始筹划下一张专辑。1984 年 12 月，第七张专辑发行，这张专辑中加入了一些竖琴等民间乐器。最终，这张专辑的销量超过了42万张，随后的演出也非常成功。在此期间，又有一名成员离开了乐队，乐队的人员又有了变更。1986年，他们继续推出新专辑，这张专辑以熟悉的民谣摇滚音乐为特色，对前南斯拉夫的统一与团结起到了一定作用，很受观众的欢迎与喜爱。1988年年底，他们发行了第九张专辑，在这张专辑发行之后，一位成员离开了乐队，但是他仍然偶尔和乐队一起演出，因此仍被大家认为是"白色纽扣"乐队的正式成员之一。随后，他们陆续发了一些专辑，也进行了一些成功的演出，但1989年成员之间的矛盾开始激化。这时候，布雷高维克离开乐队去了巴黎。"白色纽扣"乐队的结局已经注定，直到1991年南斯拉夫面临分解、爆发战争，大家才不得不相信，曾经的"白色纽扣"乐队再也回不来了。

03 / 风格独特的电影配乐者

1992 年，南斯拉夫爆发了战争，战火燃烧到哥伦·布雷高维克的家乡——萨拉热窝。无奈之下，布雷高维克去了巴黎，在那里为一些欧洲电影配乐。初到巴黎的布雷高维克对未来充满了不安和迷茫。他后来回忆说："在萨拉热窝的时候，自己是著名乐队的一员，有着较高的名望，但是来到巴黎，面对陌生的环境，一切都要从头开始，所以刚开始我是非常努力的。"凭借着自己对音乐的理解和积累，布雷高维克将流行摇滚乐、东正教的宗教音乐与现代流行节拍交融在一起，改编了巴尔干民族音乐。这对传统的巴尔干民族音乐产生了深远的影响，让世人重新认识了巴尔干民族音乐。

"他乡遇故知"是人生一大乐事，而对于哥伦·布雷高维克，幸运不止于此。在巴黎，布雷高维克遇到了以往的伙伴库斯图里卡，库斯图里卡是著名的电影导演兼编剧，他同样来自萨拉热窝。相似的生活环境，让两人的音乐与艺术的观点相投，库斯图里卡极力邀请布雷高维克为自己的电影配乐，两人后来成了很好的合作者。库斯图里卡比哥伦·布雷高维克小 4 岁，1954 年他出生在多民族交融的萨拉热窝。

提到哥伦·布雷高维克，就不得不提《流浪者之歌》这部电影。这部电影让库斯图里卡荣获 1989 年戛纳电影节最佳导演奖，也让世界认识了为电影配乐的布雷高维克。这部电影演绎了一对吉卜赛青年男女充满悲欢离合的爱情故事。在巴尔干某城市边缘的茨冈村落属于吉卜赛人聚居区，青年男子贝汉与村子里的姑娘阿兹娜相恋，但阿兹娜的妈妈嫌弃贝汉家贫穷，贝汉多次求婚被拒。长年在外赚钱的族长阿梅德为感谢贝汉的外婆救了他的孩子，答应带贝汉妹妹出国治病，并让贝汉随行。后来贝汉在国外赚了很多钱，回到家乡后就将阿兹娜接到身边。但此时的阿兹娜腹中怀了孩子，这让贝汉心中不快，怀疑孩子不是自己的，要求妻子生下孩子后必须卖掉。妻子一直受到很大压力，直到难产死去，贝汉才相信是自己的亲生孩子。影片最后，贝汉终于发现阿梅德的丑恶嘴脸：当初妹妹并未住进医院治腿，而是受尽虐待，被团伙卖掉；如今儿子也落在阿梅德一伙人手中。失去理智的贝汉冲进阿梅德的婚礼宴会上，开枪射杀了仇人，可自己后来也被击中，死在远去的列车上。

这是一部能让人在开怀大笑之后又热泪盈眶的电影，有吉卜赛的疯狂，也有对吉卜赛民族的反思和同情。片中既有复仇、欺骗和对人性的不信任，也有真挚、眷恋和生机勃勃。电影蕴含着苍凉和悲情，布雷高维克为这部电影配乐恰如其分，更加烘托了这部电影想要表达的感情。他使用大编制乐队，演奏的都是流传千年的民族旋律曲调，加上他带着古典功底的音乐编排，魅力让人无法抵挡。由小号、手风琴等民间乐器混合而成的音乐效果对烘托跌宕起伏的情节起到了不可小觑的作用。影片里总少不了热闹嘈杂的鼓乐喧天，但效果不尽相同，有些渲染欢快的气氛，有些感染观众的情绪，有些则极端地反衬出人物截然相反的心情。最令人不能忘怀的一幕是，当贝汉误以为阿兹娜背叛了自己，来到小酒馆借酒浇愁，小乐队起劲地吹打起来，贝汉随着拥挤的人群疯狂起舞。但这一切越是热闹，观众所能感受到的主人公的悲伤就越强烈。在布雷高维克的音乐中，常常用浓情的曲调表现欢乐或者悲伤，他的音乐非常华丽，但在华丽之处，仍然能让人感受到一种说不出的幽暗与悲哀。他的音乐与《流浪者之歌》的故事情节配合得完美无缺。

在1991年之前，萨拉热窝还未爆发战争，那时的哥伦·布雷高维克所喜爱的是感情热烈的摇滚乐，而在他到达巴黎之后，由于对家乡的思念，他在曲调中加入了南斯拉夫民族和吉卜赛文化元素，当这些与流行音乐和当代科技制作手段融合之后，就形成了辨识度极高的音乐风格。在后来媒体对他的采访中，国外记者感叹，没想到布雷高维克曾经热衷于摇滚乐，而布雷高维克回应说，正是因为那段经历，以及对吉卜赛不羁文化的思考，让他放弃了繁复的录音室技巧。因为他认为录音棚中的音乐无法展现出他们的音乐风格，所以在为电影配乐时，他用粗糙、原始的巴尔干半岛的民谣音乐来表露电影所要展现的情感，这才有了如今流传已久、让人惊叹的"布雷高维克式"的电影配乐。这些配乐与电影情节高水准吻合，使之互相成就、完美融合。在《流浪者之歌》中，布雷高维克把巴洛克、爵士、探戈、斯拉夫民谣、土耳其曲调和保加利亚的人声、东正教神圣的咏唱以及现代节拍混合在一起，形成了多元素的音乐融合，成为真正的世界音乐专辑。

除了《流浪者之歌》，布雷高维克与库斯图里卡继续合作了一些电影，其中电影《地下》大获好评。这部电影描绘了 20 世纪 40—90 年代南斯拉夫在纳粹占领时期到内战结束的曲折历史。在《地下》里，导演通过对知识分子和投机商马高、马高的朋友黑仔、与马高和黑仔都有情感纠缠的娜塔莉这三位主角传奇般的人生，展现了自己对南斯拉夫这个民族的理解与复杂情感。影片虽然长达 150 分钟，却让人感觉不到冗长，电影充满了荒诞的奇思异想，有着丰富的超现实主义色彩，是一部名副其实的史诗之作。布雷高维克的配乐无疑为这部史诗片锦上添花，他的配乐与电影的基调非常吻合，充满了不羁与激情，让人在观看这部电影时，情感的释放更加彻底。这部电影的情节沿袭了库斯图里卡的风格，剧情显得略为荒诞，大胆揭露了"二战"时期前南斯拉夫的真实社会状况，让人在嬉笑中唏嘘不已。该电影的基调虽然是活泼轻松的，但让人感到一种对当时社会和战争的讽刺，电影中的人物个性非常鲜明，让人们感受到创作者的激情。布雷高维克与库斯图里卡的合作又一次大获成功。

之后布雷高维克又为库斯图里卡的电影《黑猫白猫》《亚利桑那之梦》创作了电影音乐。这两位身世与生活背景相似的人，可谓是知己与知音。库斯图里卡的电影多是热情、奔放的，而布雷高维克的音乐同样是奔放、张扬的，两人一系列的电影和配乐，都深受电影爱好者和音乐迷的喜欢。

电影是声光的艺术，布雷高维克的音乐能给电影带来多元素交融的视听效果。他还创作了很多经典的电影配乐，其中包括1992年的《亚利桑那之梦》、1993年的《玛戈皇后》、只有9句台词的《浮生狂想曲》和《27个遗失的吻》等30多部电影。对于这段电影配乐的经历，布雷高维克认为自己非常幸运，能有机会接触这个领域。他对电影有自己的见解，认同音乐在电影中的作用，他认为音乐可以增强画面感。一部电影如果没有了音乐，那么它的表现力就会大打折扣。

04 / 不断探索的音乐之旅

在为多部电影写了脍炙人口的配乐之后，哥伦·布雷高维克又开始了一段新的音乐探索旅途。1995年，布雷高维克组建了"婚礼与葬礼"管弦乐团，开始在各地开演奏会。管弦乐团由各种热爱音乐的合作成员和合唱团组成，小阵容有10人，大阵容有37人（从2012年开始，小阵容变成了9人，大阵容变成了19人）。1997年，布雷高维克在东欧巡回演唱结束之后，与乐团在瑞士蒙投音乐节和希腊塞萨罗尼亚演奏会的表现，让人们叹服，广受社会好评，将其知名度推上另一高峰。这次表演的乐曲后来以《巴尔干的沉默》之名结集发行。从1998年开始，布雷高维克把自己的主要精力都投入管弦乐团的巡演与专辑创作中。布雷高维克和整个乐团从1998年春季启程去意大利、葡萄牙、英国、比利时和法国等欧洲各国巡回演唱。布雷高维克一直想在音乐中表达一种自由的感觉，他发现以往的交响乐团太过于和谐，而他想要表现出"人类的音乐"，这种音乐也许不是那么完美，但是更加自然。于是，他用一个吉卜赛铜管乐队代替了喇叭，还加入了传统的鼓。就这样，他一直在自己的音乐道路上探索。布雷高维克的付出得到了回报，2008年的专辑《酒，醇》（*Alkohol*）让他荣获"Songlines Music Awards 2010"年度最佳艺术家。得知获奖消息，他依然很谦逊地说道："虽然不知道为什么听众会喜欢我的音乐，但是得知他们感兴趣还是很愉悦的。"实际上，布雷高维克低估了自己的音乐影响力。布雷高维克喜欢用音乐会的方式来为大家进行表演，比如在2016年7月15日和16日，他带领着他的"婚礼与葬礼"管弦乐团登上了纽约市的林肯中心，进行了一场精美绝伦的表演。

除了把心血倾注于自己的管弦乐团，哥伦·布雷高维克还在音乐作曲上大有造诣。1999年，布雷高维克为波兰流行歌手卡雅创作音乐，卡雅因此稳坐波兰歌后的宝座。布雷高维克还与希腊歌手、土耳其女星等一起创作音乐，留下了许多具有独特音乐风格的作品。吉卜赛铜管乐队"Fanfare Ciocarlia"等也曾与布雷高维克有过合作。布雷高维克的音乐具有非常广阔的开放性和包容性，因而广受欢迎。

不仅在幕后创作音乐，哥伦·布雷高维克也积极参与演出。比如他曾在一部由尤尼·斯特朗梅执导的瑞士电影《婚丧乐曲》中演出。在电影中，他是带着自己的乐团到处演出的塞尔维亚人，为吉卜赛文化在塞尔维亚的传承作出积极贡献。

如今，哥伦·布雷高维克在贝尔格莱德和巴黎两地居住，有一个默契的爱人和三个可爱的女儿。布雷高维克已经远离了家乡很多年，虽然现在他的生活充实而有趣，但是他仍然多次表达对家乡的思念。在很多人心中，布雷高维克的"白色纽扣"乐队代表了前南斯拉夫的和平与统一，虽然现在前南斯拉夫已经解体，残酷的波黑内战也早已远去，但是一提起"白色纽扣"乐队，许多前南斯拉夫人还是会回忆起那段时光，这也是为什么大家在提起布雷高维克时，还是更愿意称他为"前南斯拉夫音乐家"。在 2017 年 1 月 13 日，"白色纽扣"乐队曾经的成员在波黑塞族共和国的首府巴尼亚卢卡举行了一场音乐会，与大家一起跨年。

今天的哥伦·布雷高维克已经获得了无数荣誉，从"白色纽扣"乐队的灵魂人物到后来的电影配乐人，再到后面的管弦乐队领导者，他获得了巨大的成功，但依然非常谦逊，也一直保持着对音乐的热情。对于未来，布雷高维克说自己会减少电影音乐的创作，慢慢潜下心来专注于音乐的研究，因为他认为获得更多音乐体验是更重要的事情。布雷高维克将继续探索巴尔干地区的民族音乐，并仍将在音乐中传颂巴尔干人自由的心与狂野的灵魂，就像他曾经说过的那样——我拥有一门大家都能读懂的语言，那就是音乐。

良心艺术家

——丹尼斯·塔诺维奇

丹尼斯·塔诺维奇（1969— ），波黑著名电影导演、编剧。他出生于波斯尼亚泽尼察市一个有文化的家庭，从小受到良好的文化艺术熏陶，曾入塞尔维亚大学音乐学院学习。1992年波黑战争时期塔诺维奇加入前线摄影队，1995年他在比利时布鲁塞尔学习电影，1997年毕业后开始其电影艺术生涯。迄今为止，塔诺维奇凭借7部剧情长片拿下诸多的国际奖项，其中首次执导的剧情长片《无主之地》（2001年）获得第74届奥斯卡金像奖最佳外语片奖和第54届戛纳电影节最佳编剧奖，这无疑是对他导演和编剧生涯的一个很好的肯定。塔诺维奇拍摄的《渺生一页》（2013年）和《死于萨拉热窝》（2016年）均获得柏林国际电影节评审团大奖。他是大家眼中的电影天才，擅长用黑色幽默来讽刺现实，用自己独特的处理方式将战争呈现在观众面前，以此来引发人们的思考。透过一个个的作品，我们看到的是一个导演独立不羁的灵魂。

01 / 波斯尼亚出生的电影天才

1969 年 2 月 20 日，丹尼斯·塔诺维奇出生于波黑的中部城市泽尼察。塔诺维奇从小在塞尔维亚长大，他的父母都是波斯尼亚人，父亲是一位作家。在父亲的熏陶下，塔诺维奇从小就对文学表现出浓厚的兴趣，他会去揣摩文字里的含义，也喜欢用文字的形式去表达自己的内心想法，这为他成为一名优秀的编剧打下了很好的基础。在母亲的眼中塔诺维奇是一个对电影迷恋的小天才，每次看电影时他脸上流露出来的痴迷神情，每次和母亲讨论剧情和场景设计时的热情以及对电影独到的见解，都被细心的母亲看在眼里。可以说，母亲是塔诺维奇的启蒙老师，她经常带塔诺维奇去电影院。当影院的灯关掉，一个全新的世界展现在他眼前，对他来说那是多么神奇的事情，没有什么比这个更让他感到快乐了。爱电影的种子很快就在塔诺维奇的心里生根发芽。塔诺维奇在塞尔维亚接受了小学、中学的教育后顺利进入塞尔维亚大学的音乐学院深造，当时他主修钢琴，一直在涉猎所有与电影相关的内容。他向学院里专业的人士虚心请教，直到 1992 年波黑战争爆发，塔诺维奇被迫停止了学业。

接着丹尼斯·塔诺维奇加入了波黑摄影队，那段时间他身居前线，切身经历了波黑战争，残酷的现实赤裸裸地呈现在他眼前。他像个专业的战地记者，取材拍摄、剪辑加工，总共完成了 300 多个小时的战争纪录片，被世界各大媒体争相播放。后来关于波黑战争的片子中，很多用到了他和同伴拍摄的素材。在那段难忘的拍摄过程中，他清晰地意识到自己对电影事业的钟爱，迫切地想要用灵活的方式来呈现自己想要表达的东西，却深感自己专业能力的不足。1994 年，他离开了摄影队，计划进一步深造。

1995 年，丹尼斯·塔诺维奇前往比利时的首都布鲁塞尔学习电影。在老师和同学眼里，他是个有想法、有故事、有理想的好学生，他每日都沉迷在电影的世界中。塔诺维奇会主动向别人分享自己的观点，也一直以虚心的态度请教他人。同学说塔诺维奇能沉得下心来，是个有想法就会去实践的人。在学习期间，塔诺维奇做的几部纪录片都得到了广泛的好评。1997 年，塔诺维奇以优异的成绩完成了学业。从此，塔诺维奇开启了自己的导演生涯。

02 / 战争挥不去的梦魇——《无主之地》

《无主之地》是丹尼斯·塔诺维奇在 2001 年首次执导的剧情长片。这部电影邀请到了布兰科·德约里奇、凯特琳·卡特利吉、西蒙·卡洛联袂出演。塔诺维奇凭借这部处女作在第 54 届戛纳电影节上获得金棕榈奖的提名和最佳编剧的奖项，随后在 2002 年的第 74 届奥斯卡金像奖上获得最佳外语片奖。首部导演的剧情长片就取得了这样辉煌的成绩，无疑让塔诺维奇对自己的导演道路更加自信，也让观众对这个新人导演充满了期待。

《无主之地》讲述了在波黑战争期间，一个波斯尼亚人和一个塞尔维亚人在一个战后阵地发生的故事。1993 年 6 月，塞尔维亚士兵在一个被大雾笼罩的清晨发现了一群波斯尼亚人被困在交战双方前沿地带，并对他们发起了进攻。西基作为波斯尼亚唯一一名幸存的士兵，隐藏在一个被遗弃的战壕里。当两名塞尔维亚士兵去搜寻这个战壕的时候，在战壕里利用一个波斯尼亚士兵的"尸体"设置了一个机关，"尸体"下面是一个可以触发的地雷。在他们设置完这个机关的时候发现一支步枪消失了，于是意识到这个"无人"的战壕里还有人活着，便开始了仔细的搜寻。西基已经无路可走，便跳出了藏身之地，抱着必死的决心准备决一死战。西基打死了一个，打伤了另一个——尼诺。就在西基和尼诺二人互相僵持的时候，压在地雷上的那个波斯尼亚士兵塞拉竟然慢慢地苏醒过来了，原来当时他只是被打昏了，但是只要他动一下，就会引爆那颗地雷，他们全部都会被炸死。他们也不得不先来解决这个如何共生的问题。他们双方所在的部队——塞尔维亚和波斯尼亚的部队，都向当地的联合国保护部队基地求援。

联合国法国蓝盔部队的马钱德来到了战壕，维和高层领导本着避免麻烦的原则，命令他不得介入这起可能会发生爆炸的事件中。马钱德是不忍的，他犹豫再三后决定违抗军令，想要尽自己的能力去帮助这个战壕里的人们。他联系到了一个扫雷班，并且对方也答应帮忙，但是他的上级威胁他回到自己的工作岗位上，不准插手。他只能选择服从命令，返回工作岗位。在返回阵地的途中，马钱德遇见了早已知道事情来龙去脉的国际电视频道的新闻记者简-利文斯通。简威胁着说如果他们不作为，就要将马钱德及其上司之间的"不干涉"行动过程进行曝光。很快马钱德又回到了那条战壕，可是这次却只是因媒体而来。他到达的时候，尼诺和西基的对抗已经越来越激烈。他及时阻止了二人之间的互相残杀。在战壕里，扫雷专家对于这个地雷竟表示无能为力。最终，西基和尼诺不得不离开了那条战壕，只留下了塞拉有些绝望地躺在地雷上，静静地等待着他的命运。

《无主之地》是一部全是男人的电影，它从一个冷酷得近乎荒诞的视角切入，在一片生灵涂炭的战场上，一个战壕中，一双空洞而茫然的眼睛，绝望地望向碧蓝色的天空。片子将矛头对准了联合国，对准了国际媒体。他们一个无所作为，一个单纯猎奇，但是谁都无力改变这场战争，甚至无力改变一个士兵的命运。因此在《无主之地》中，丹尼斯·塔诺维奇将战争这一现实用隐喻的方式深刻而艺术地表达出来。尽管《无主之地》表面上是对西方媒体的批判，但骨子里却完全满足了西方对"差异"关注的欲望。为了用强烈的反讽去凸显战争本身的荒谬，塔诺维奇选择将黑色幽默与尖刻讽刺混合在一起。整部电影表面上是按照常理出牌，仿佛是按照大众对于一般战争片所理解的套路发展，但塔诺维奇却在最后用冰冷到刺骨的现实彻底浇灭了先前所有的幻想，一种令人惊骇的现实就那样赤裸裸地暴露在观众面前。虽然塔诺维奇本意是想让影片站在个体的层面去揭示战争的起源，但是他的分析略显锐利，并且拒绝提供答案。这仅仅是因为仇恨吗？究竟是什么原因滋生出这样的问题？根本没有简单的答案。影片以相对鲜明的视角呈现了反战立场，既没有把战争残忍的本质加以浪漫化的处理，也没有任何说教的成分。在影片的后半部分塔诺维奇一改前半部分的戏剧性特点，使影片趋向更深层次的意义，主题也拓展到了更广阔的空间。剧本中脉络清晰的结构、丰富生动的细节，用一个又一个不断涌现的小高潮让观众处于不断的惊奇中。有人认为《无主之地》令人联想到《奇爱博士》《陆军野战医院》等一流的战争讽刺片，也有人说它是《等待戈多》在银幕上的重演。彭小莲在《塞尔维亚的天才》中写道："任何一个有良心的艺术家，在这样一场战争中，一定会去思考它的价值以及战争的必要性。"

丹尼斯·塔诺维奇亲身经历过波黑战争的苦难，深刻体验过其中的悲惨与荒谬，感受到战争中人们无法逃脱的困境和无奈。他曾经亲历战争，感受到战争就是对立的双方，是一个个相向的枪口，是双方以生命和鲜血为代价的厮杀和冲突。在这场对峙中他看到了无数惊恐的脸和一个个倒下的身体，他们在断壁残垣的废墟中胆战心惊，在震耳欲聋的炮轰声中做着噩梦，习惯着不正常的生活，度日如年却如孩童般容易满足。人总是要在难以面对的情境下学会转换和适应。丹尼斯·塔诺维奇选择了另一种方式的"幽默"，去直视、缓解这种战争带来的无休止的痛楚，通过逐步的剖析来告诉我们战争的秘密。也许若干年后，我们不会记起在这片小小的弹丸之地，不会过多地回忆在这里曾经发生的这场战争，不记得战火燃烧了多少年，也不清楚在这场战争中谁对谁错，但我们记得那个遍布尸体的战壕中，有个年轻的士兵，绝望地躺在地雷上，他的眼神空洞得让人怜悯。也许他的家中还有等待他的母亲和妻子，还有刚诞生下的儿子，可他却再也无法听到儿子喊他爸爸，无法在母亲面前尽孝，再也没有一顿可以饱腹的饭菜了。他只是一个年轻人，为什么要为了无聊的政治斗争付出生命呢？这样的一种黑色幽默，让所有人意识到战争的残酷和它带给我们的深深的无奈。塔诺维奇生活在战火纷飞的波黑，虽然在别人眼中他有拍摄大量战争纪录片的切身经历，可以轻松驾驭战争的题材，但作为一个波斯尼亚人，战争永远都是他心头挥之不去的梦魇。这个剧本，他几乎是一蹴而就完成的，仅花了14天，整个拍摄过程也只花了26天。

丹尼斯·塔诺维奇凭借他首部执导的《无主之地》一举成名后，他依然没有选择进军那个让无数导演和演员为之神往的好莱坞，而是安安稳稳地学习，踏踏实实地做自己的电影。塔诺维奇曾说，他不喜欢拍摄战争，战争也从来不是优秀的电影题材，但是电影作为一种文化的传播方式，可以让更多的人看到战争的残酷，让更多的人了解到战争中人民的苦楚与辛酸。而且塔诺维奇认为拍摄电影的主题并不重要，重要的是处理主题的方式。他的电影中，没有战争的大场面，只是通过一个个战争中的小故事，讲出了他想说的话，这足以引发观众的思考。

丹尼斯·塔诺维奇在第 24 届上海电影节与影迷连线时，从拍摄《无主之地》谈到他对战争片的看法。他说："我们从小到大都看战争片，我觉得一部好的战争片，必须传递和平的信息。因为我们经历过战争的人都知道，在一场战争里面，人人都可以成为英雄，不一定是一个士兵，就算是一个平民也有可能成为一个英雄。"塔诺维奇认为，"一部好的战争片，其实是反战片"，正是基于对"和平""反战"的共同愿望，他所拍摄的反映波黑战争、反映本国本民族的影片，才会获得那么多来自全世界各地的观众的反响。

《无主之地》不仅剧情极具讽刺意味，耐人寻味，拍摄技巧也足以证明塔诺维奇的功底。他对于影片的美感也具有极高的追求。影片将波斯尼亚粗犷的美感完美地呈现出来，这样风光秀丽的自然景观与残酷紧张的战争所形成的鲜明对比，营造出了一种不和谐感，如此出色的影像加上如此精彩的剧本，不得不说，影片带给观众一种完全不同的视听体验。

03 ／ 生命本是疗伤的过程——《情狱》

2001年9月11日发生了震惊世界的美国"9·11"事件，黑暗的气氛伴随着双子塔的坍塌蔓延开来。当时，法国 Studio Canal 电影公司迅速邀请了丹尼斯·塔诺维奇、亚利桑德罗·冈萨雷斯·伊纳里多、阿莫斯·吉泰、克洛德·勒卢什、今村昌平等11位享誉世界的导演分别执导了时长为11分钟09秒的短片，汇集成短片集《"9·11"事件簿》（2002年）。这部影片获得了第59届威尼斯国际电影节联合国教科文组织奖。

2003年，丹尼斯·塔诺维奇是第56届夏纳国际电影节评委会成员。同年，因为《无主之地》和《"9·11"事件簿》所取得的成就，以及在拍摄电影时他的独特想法和黑色幽默的表现方式，对现实的讽刺和引发的思考，塔诺维奇被法国文化部授予艺术与文学骑士勋章。

在获得各项荣誉的同时，丹尼斯·塔诺维奇也收获了幸福的婚姻。他娶了一个比利时的女孩，并陆续有了3个孩子。在成为爸爸以后，他的心思更加柔软细腻，对生活的感悟和责任感也与日俱增，不悲不喜，看问题的角度和思考的方式似乎发生了明显的变化。有一天，他在浏览波兰大师基耶斯洛夫斯基的遗作——《天堂》《炼狱》《地狱》三部曲中的《地狱》时，塔诺维奇读出了其中的深意，便计划将其拍摄出来。

2005年，丹尼斯·塔诺维奇依据基耶斯洛夫斯基的剧本《地狱》首次执导了法语电影《情狱》。这部电影由艾曼纽·贝阿、嘉莲·维雅、玛丽·吉兰、吉约姆·卡内、雅克·甘等人领衔主演。2005年《情狱》上映，成为继《疾走天堂》后基耶斯洛夫斯基被搬上荧幕的第二部著作。

不得不说，丹尼斯·塔诺维奇的这部影片是一部彻底的女性影片，影片沉闷、晦涩，甚至可以说是有些黑暗，透露着悲哀、凄凉与无奈。塔诺维奇在影片一开始就通过不断地剪接、叠加、重复一段小鸟破壳而出的画面，再加上优美的音乐，来引出三姐妹的爱情与婚姻中那些看似交代不明晰又似乎人人暗藏心事的故事。影片中的主人公看似是为情所苦，但影片又并非单纯关于女人与爱情。三姐妹在少年时经历过家庭变故，长大后的生活仍然有着种种不如意之处，彼此之间俨然不再联系。大姐是三姐妹中唯一成家的人，却没有感受到婚姻带来的幸福。大姐怀疑丈夫不忠，费尽心机地进行暗中调查，心中依然抱着对婚姻的一丝丝希望，但最终得到让人心碎的现实——她不幸嫁了一个"劈腿"男。对婚姻的失望让大姐的情绪跌到了谷底，婚姻存在的裂痕已经无法再进行修补。二姐则一直全心全意照顾瘫痪多年的母亲，自己的感情始终没有着落，虽然曾有过一个表面温情的男子给了她关怀和对爱情的渴望，但是这个男人的接近却带着其他的目的，即使那目的看起来是善意的，但谁也不想让伤疤赤裸裸地被揭露出来。最小的妹妹在风华正茂的年龄爱上了已经成家的男教师，怀了他的孩子却没有得到那个男人负责任的回应。小妹似乎是在寻求曾经失去的父爱，但仍然没有避免被抛弃的命运。大姐的家庭破碎了，小妹插足了别人的家庭，故事似乎并没有终止，可悲的生活在她们身上循环往复。面对三姐妹告知的真相，即便女儿们告诉母亲自己错了，母亲仍然很坚定地写下了"对自己所做的不要后悔"。即便错了又如何，既然选择了，就要做好所有的准备，随时准备遭遇一场痛苦，走一趟人间地狱，怨不得、恨不得、悔不得。她的脸上毫无悲苦之意，也许这样的事情即使再来一遍，她的回答也会依然如此。影片用了很长的篇幅慢慢道出了这首诗。

于存在中，于忍耐中
我心凝望，我心枯干
昔日的我，如影随形
于存在中，于忍耐中

寻找时候，失去自我
我曾经是，我仍然是

我不曾是，我不再是
失去自我，寻找时候

在流浪中，在睡梦中
黑夜灭我，白日救我
似水流年，生命苦短
在睡梦中，在流浪中

在希望中，在等候中
人生有梦，活在梦中
埋葬我心，责备我心
生命流逝，故梦依然

在凝望中，在盼望中
……

在丹尼斯·塔诺维奇看来，生命本就是疗伤的过程，有些东西恰恰因为牺牲而带来深刻的印象。也许有很多人在看完后会纠结于母亲的态度，即便生活已经过得如此让人心疼，母亲却依然决绝和偏执。不过，道歉和忏悔又能改变些什么呢？也许母亲有她的道理，对于她们，心无愧疚地活下去似乎是当下更重要的事情。塔诺维奇对于影片的拍摄下了很多功夫去钻研，影片的色彩和对于空间的选择很贴合基耶斯洛夫斯基作品的风格，故事的叙述风格和影片所引起人们对人文关怀问题的思考却是塔诺维奇一贯的宗旨。

04 / 重回故里——塞尔维亚

2007 年，丹尼斯·塔诺维奇和他的妻子带着三个孩子从巴黎迁回塞尔维亚，同年，又生下了他们的第四个孩子。塔诺维奇在接受采访的时候表示，自己会思念故乡，无论故乡发生过什么，即便对故乡的记忆有些支离破碎，但是思乡的情绪一直无法挥去，他想念那片他在那长大的土地。

2009 年，丹尼斯·塔诺维奇被斯科特·安德森的一部小说所吸引。后来在接受采访时塔诺维奇说："数年之前，我看到了这部叫作《验伤》的小说，作者有过随军记者的经历，写的这本小说既有虚构成分也有纪实色彩，深深地打动了我。我也曾在战场上出生入死，见识过那些死掉的人们。在军方宣传里，他们都是英雄，是为国捐躯的烈士，可是实际情况并不总是如此。斯科特·安德森就在书里写了这样一个故事。我在战场上见识到的直接死亡并不多，大多数都是在后方的野战医院里因为无法进行及时的救治而死掉的人。可以这么说，在前南斯拉夫的内战里，战场上除了死亡还是死亡。放眼望去，可以说是满目疮痍。死去的人已经安息了，战争对于他们而言真的是结束了，可是活着的人却依然在打仗，为了一些说不清的利益和宗教的争执而拼得你死我活。现在，这种状况没有一点点好转。"也许是出于对和平的向往，也许是同样在战争前线的经历再次触动了他，塔诺维奇决定把这部小说拍成电影。为了拍摄这部电影，他请到了柯林·法瑞尔、帕斯·贝加、克里斯托弗·李来主演。塔诺维奇执导的首部英语剧情片《验伤》，不仅作为第34届多伦多国际电影节"特别展映单元"进行放映，还是第4届罗马国际电影节的开幕电影。

《验伤》的主人公不是士兵，不是军官，不是受难者，而是战地记者。战争中的很多残酷场景通过他们及时地呈现在了观众的眼前。他们作为特殊的人群，目睹战争的惨烈和受难者的绝望，依然要举起手中的相机记录眼前地狱般的世界，快门凝固的不是炮火，是绝望。这是他们的职业，他们要勇敢地进入，冷静地捕捉，在压力下稳定地工作。作为旁观者，他们从不参与战争；作为记者，他们又时刻和战争在一起。"如果你拍得不够好，证明你离得不够近！"这是摄影大师罗伯特·卡帕的一句名言。都说"拍摄冲突"是他们的目的和责任，这又何尝不是在冒着生命的危险履行着所谓的责任？影片里的两位记者在返回营地的途中不幸遭遇流弹，其中一位记者被炸断了双腿。值得庆幸的是，他被库尔德部队救起。库尔德医生颇为随意地在他身上放下了一张黄便笺。野战医院中，黄、蓝便笺决定着生死。他清晰地知道这张黄色的便笺代表着自己还具备医治的可能，还有生的希望。这不禁让他想起了那个与之对应的蓝便笺，那就表示这个人无药可救了，代表着一种"人道的杀戮"。这其中有多少的冰冷和无奈，医生所能做的只是尽早结束他的痛苦，为他祈祷。

丹尼斯·塔诺维奇在执导这部影片的时候，也把自己放在了战地记者的角度，像当时身处战争一样，目睹无数的人间惨剧，一切只为了一张能卖个好价钱的照片或者一段录像。可他们却丝毫不能影响历史的进程，也不能干涉当下发生的历史。闯入，然后消失。这些照片又能真正做些什么？塔诺维奇目睹残酷与罪恶，也曾试图去寻找这些问题的答案，不断地怀疑和质问。事实上，不是所有发生冲突的地方，都有战地记者的身影。不是所有的战争都能引起世界的关注。但是，塔诺维奇承认，战地记者努力做到这一点，想用震撼的照片来敲击人们的心灵，想用前线的苦难唤起人们对和平的向往。也许这些就够了。

05 / 巴尔干的纠结——《死于萨拉热窝》

2010 年，丹尼斯·塔诺维奇执导了剧情片《哥伦比亚马戏团》。该影片改编自同名小说，讲述了一个男人在国外多年回到家乡的故事，以当地的政治交往为背景，处理他过去和现在的家庭的关系。该片不仅作为第35届多伦多国际电影节首批片单"特别展映单元"进行放映，还代表波黑竞逐第83届奥斯卡金像奖最佳外语片奖。

2013年，丹尼斯·塔诺维奇在报纸上看到了在波黑一个郊区的贫困家庭中因为塞达娜死在腹中的一个胎儿流产所引发的悲惨故事。如果不立刻进行手术，塞达娜将会得败血病，而塞达娜没有医保，手术的费用不是她这样的家庭所能承担的，没有钱，医院拒绝给她进行任何治疗。塞达娜的不幸故事就此开始。塔诺维奇联系到了故事的当事人，征得他们同意后，以此为题材拍出了《渺生一页》这部电影。这部影片最初拍摄几乎是零成本，连演员都是非专业的，后来丹尼斯·塔诺维奇通过基金会筹集了1.7万欧元的拍摄资金进行拍摄。塔诺维奇不仅凭借该片获得第63届柏林国际电影节评审团大奖，还代表波黑竞逐第86届奥斯卡金像奖最佳外语片奖并入围九强。随后，塔诺维奇担任了剧情片《午餐盒》的制片人。

《死于萨拉热窝》是 2016 年丹尼斯·塔诺维奇根据贝尔纳·亨利·莱维的舞台剧《欧洲酒店》执导改编的剧情片。这部影片的拍摄完全取景于波黑的首都萨拉热窝。塔诺维奇对剧本进行了大量的扩充，增添了很多角色和细节去展示影片的主题，也想通过这部影片让大家去铭记历史。塔诺维奇邀请到了斯内扎娜·马尔科维奇和伊兹丁·巴乔维奇等人联袂主演。影片讲述了一家奢侈酒店发生罢工事件的始末。丹尼斯·塔诺维奇不仅凭借该片获得第 66 届柏林国际电影节评审团大奖、国际影评人费比西奖，还代表波黑竞逐第 89 届奥斯卡金像奖最佳外语片奖。

《死于萨拉热窝》发生在一家为 1984 年冬奥会的接待工作而兴建的酒店里，这个酒店见证了波黑历史上的许多关键时刻。为纪念"萨拉热窝事件 70 周年"，酒店的工作人员都在焦头烂额地准备。由于长时间的拖欠工资，酒店的底层职工们在策划一场罢工行动，他们希望通过这个欧盟领导都会出席、备受各大媒体关注的晚宴，他们的事情可以引起关注从而得到解决。在平静的准备工作背后，紧张的气氛弥漫在每一缕空气中，这似乎也折射着当今欧洲的社会现状。这部影片就像是连接历史与现实的钥匙，虽然没有办法完全脱离过去，可却足以引起对未来的思考。塔诺维奇希望观众在看完影片后能产生对未来欧洲社会发展的严肃关注。如今虽然巴尔干地区的国家一步步走向独立，但是这个不稳定的时期还要持续多久？人们所追求的和平共处在未来如何去达成？

06 / 塔诺维奇与中国

丹尼斯·塔诺维奇作为一名忠实的电影爱好者、一名不间断学习的导演和编剧，他表示自己什么类型的电影都会涉猎，包括一些大家所说的烂片，"因为相比于好电影，烂片更容易让你看到问题，你看了后会对自己说'我千万不要拍成这样'"。塔诺维奇认为任何一名导演都不能保证自己这一生就没有拍过一部平庸之作，即使已经享誉国际，自己也一直抱着学习的态度，在不断充实的过程中追求着些许的成长，从别人的作品里吸取经验教训。中国作为一个文明大国，电影文化丰富多彩，塔诺维奇从小就在看中国的电影，特别是香港的动作片，对中国的电影早已有了很多的了解，也因此对中国产生了期待和向往。"中国人口众多，电影市场巨大，而且已经开始出口自己的电影"，因此丹尼斯·塔诺维奇一直很期待来中国看一看。

2016 年 4 月，第 6 届北京国际电影节，塔诺维奇受邀作为"天坛奖"评委会成员来到中国。他说："我知道中国有很多优秀的电影人，希望能在这个平台与他们见面。"塔诺维奇带着兴奋与期待来到北京，迫切地想要通过这次交流，能够与更多的中国导演和中国演员交换关于电影的想法，希望彼此之间能够有机会合作。在此期间，塔诺维奇看到了姜文和王家卫导演的作品。在接受媒体采访时，他表示印象最为深刻的电影是姜文导演的《鬼子来了》，他认为"那部电影非常棒"。塔诺维奇也对王家卫的电影表示了钦佩。塔诺维奇同时期待北京之行能够带来新鲜的感受，激发自己的创作灵感，也想要借此机会有更多的时间来感受这个他憧憬已久的国家。他说："我知道中国地大物博，历史悠久，文化深厚，所以这次邀请我来担任评委，我非常开心。中国电影在世界电影格局中发挥着越来越重要的作用，可以说，没有哪个电影人不对中国充满好奇。"当然，这次来中国，塔诺维奇的首要任务是作为北京国际电影节评委参与评奖。塔诺维奇笑称，和导演相比，做评委轻松多了："评价一部电影总是比拍摄一部电影要相对容易，拍电影是集体作业，有一个人搞砸了，整部电影就有可能搞砸了，音乐没做好，会搞砸；演员没选好，会搞砸。所以，还是评价一部电影更容易些。这次来北京，我觉得最开心的事情就是坐下来喝杯咖啡、看部好电影，我也期待能看到来自全世界的好电影。"

丹尼斯·塔诺维奇认为中国的电影市场庞大，拥有巨大潜力，也一直在吸引着全世界各国的电影人。中国的电影市场也需要各国的好影片和各种特色的影片的推广。他的国家比较小，拍摄电影也不好找到投资，一般在初始阶段就需要走出去到欧洲国家寻找投资，而中国拥有相对庞大的资源。因此在塔诺维奇看来，中国的电影市场应先选择立足于国内，拍摄出让中国的观众接受和认可的电影，然后再研究"走出去"的问题，打开更广阔的国际市场。当然任何事情都是两面的，在塔诺维奇看来，中国市场的"大"也是把双刃剑，好的一面自然是无须考虑过多，不好的一面则是拍摄的电影会过于本土化，相对来说很难占据海外市场，"电影节是个很好的交流平台，大家可以互通有无，交流经验与教训。现在中国电影已经在世界上占有很重要的地位，北京电影节也有很高的知名度，我相信中国从国内做起，一定可以拍摄出更多优秀电影，拿到更多的国际大奖"。

丹尼斯·塔诺维奇的电影作品享誉国际，获得了很不错的成绩。塔诺维奇本人也经常被各大媒体称为"波斯尼亚的电影天才"。他依然保留着从事电影事业的初心，对电影的热爱和迷恋是他选择成为一名导演和编剧的唯一目的。在他看来，这只是他选择的一种生活方式。红毯上的光鲜虽然耀眼，所带来的名和利是常人很难拒绝的，但却不是塔诺维奇所追求的。也许有人觉得这是一种崇高的境界，是很多人无法企及的，但是，还记得小时候坐在电影院里对着屏幕痴迷的那个小男孩吗？如今他心里那株嫩芽已经开花结果。

腾讯娱乐曾评论说，丹尼斯·塔诺维奇是波黑当代最杰出的电影人。中国影迷表示塔诺维奇善于用小格局带给人们大视野，观众在笑过、沉默过、被伤过之后，会聚焦于如今的和平与安宁中。塔诺维奇带给我们的是一轮轮新的思考和对未来的展望，他无愧于被称作"一个波黑的电影天才"。

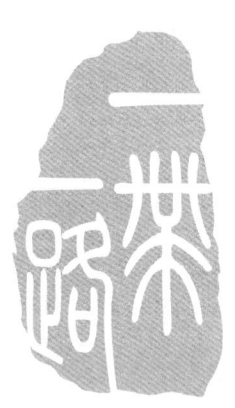

绿茵场上的黑马

——塞亚德·萨利霍维奇

　　塞亚德·萨利霍维奇（1984— ），波黑籍著名足球运动员，出生于波黑的兹沃尔尼克。8岁时为逃避前南斯拉夫战乱，萨利霍维奇跟随父母辗转斯洛文尼亚和奥地利，后来定居柏林。他从小喜欢运动，16岁就加盟了柏林赫塔青年足球队，后效力于柏林赫塔足球俱乐部和霍芬海姆足球俱乐部。在霍芬海姆足球队晋级赛中，萨利霍维奇随队完成三级跳，成为球队主力的一员。萨利霍维奇担任霍芬海姆足球队队长，被球迷亲切地称为"霍村村长"。萨利霍维奇的任意球非常厉害，是德国足球甲级联赛中有名的任意球大师。由于表现出色，萨利霍维奇入选了波黑的国家队，多次代表国家队参加世界杯比赛。2015年，他加盟贵州人和足球俱乐部，受到中国球迷的喜爱。

01 / 战火洗礼，锋芒初露

　　1984年10月8日，一个天气晴朗的日子，塞亚德·萨利霍维奇诞生于波黑的小城兹沃尔尼克。

小萨利霍维奇活泼开朗，人见人爱。他喜欢运动，尤其喜欢踢足球，小小年纪就在足球运动上表现出与生俱来的天赋，与足球结下了不解之缘。

塞亚德·萨利霍维奇的父母尽量为他提供最好的条件让他踢足球。虽然那时萨利霍维奇的球技并不是最精湛的时候，但是能够自由自在地踢足球，是他的足球生涯中难以忘却的记忆。

后来波黑战争爆发，小萨利霍维奇的生活发生了变化。这一时期，波黑国内社会局势动荡，人民生活水平下降。而在战争的阴云之下生活的人们惶恐不安，许多人拖家带口逃亡国外。

1992年，塞亚德·萨利霍维奇一家为躲避战乱，辗转斯洛文尼亚和奥地利，最后来到德国柏林定居。在那里，他们一家人的生活终于安定，萨利霍维奇终于又可以踢足球了。

不知是塞亚德·萨利霍维奇的幸运还是德国足球队的幸运，萨利霍维奇来到柏林后，他踢足球的技术进步很大。小萨利霍维奇在足球场上有所成就，除了有天赋，也得益于德国足球大环境的熏陶。德国足球被誉为绿茵场上的"德国战车"，所向披靡。在 1972 年、1980 年、1996 年三次夺得欧洲杯冠军。德国足球队在赛场上的成绩，源于球员精湛的技术和强健的体魄，技术与身体力量相结合，并且各种战术打法皆具备。少年时代的萨利霍维奇就是在这样的环境里受到熏陶，球技日渐精进。自从萨利霍维奇立志以足球为业，便再也没有放弃过。

2000 年夏天，16 岁的少年塞亚德·萨利霍维奇加入柏林赫塔青年队，成为一名有培养前途的足球运动员。当年的少年在绿茵场上奔跑，意气风发，祈望着有一天进入国家队，踢进欧洲杯，踢进世界杯。

之后，塞亚德·萨利霍维奇在柏林赫塔二队参加北部地区的联赛，表现出色。很快，萨利霍维奇升入柏林赫塔队的一线队。虽然柏林赫塔队在德国足球甲级联赛中并没有取得瞩目的成绩，还时常面临着降级，但是培养了一大批青少年足球运动员。除了塞亚德·萨利霍维奇，著名的足球运动员凯文·普林斯·博阿滕也是柏林赫塔队培养的年轻中场球员。

进入一线队后，正当塞亚德·萨利霍维奇雄心勃勃，想要大展拳脚的时候，却怎么都没有想到，他极少有机会能在一线队的比赛中施展才能。有个赛季，萨利霍维奇只出场了 5 次。大部分时候，萨利霍维奇只能坐在候补席看着自己的队友们在球场上奔跑、呐喊、进球，他一度怀疑自己的球技，苦思冥想也想不出为何得不到上场的机会。这对于一个身怀抱负的年轻球员而言，无疑是非常灰暗的。

不过，值得庆幸的是，萨利霍维奇并没有一直沉溺于壮志难酬的苦恼之中。在这期间，萨利霍维奇一边反思一边坚持认真训练，努力提高自己的球技。通过这段时间的默默努力，萨利霍维奇的左脚定位球得到很大的进步，可谓是炉火纯青。

塞亚德·萨利霍维奇在少年时代经历战争洗礼，练就坚毅的性格，在绿茵场上练就扎实的球技，锋芒初露。未来的赛场，已经在等待着这位年轻的足球运动员。

02 / 效力霍芬海姆，成为赛场黑马

2006 年夏天，塞亚德·萨利霍维奇来到位于德国巴登—符腾堡州辛斯海姆的霍芬海姆足球俱乐部。当时霍芬海姆球队在地区联赛中徘徊，尚未进入高水平的联赛中。不过，正是这样一支球队给了当时的萨利霍维奇一个展现和突破自我的机会。时至今日，萨利霍维奇依然感激球队给他的一个机会，让他走上梦寐以求的球场。

在霍芬海姆球队中，塞亚德·萨利霍维奇出色的定位球技术得到肯定，他成了球队中的点球高手。不仅如此，萨利霍维奇还能够胜任中前场的所有位置，是主帅拉尔夫·兰尼克最喜欢的球员之一。为霍芬海姆球队效力的兰尼克，是德国足球界传奇人物，也是著名的教练。兰尼克执教经历颇为成功，在乌尔姆、沙尔克 04、霍芬海姆等球队均取得不俗成绩。

塞亚德·萨利霍维奇成了"霍村奇迹"（因为霍芬海姆球队发源于霍芬海姆村，所以球迷们称霍芬海姆球队为"霍

村"）。这一方面源于萨利霍维奇本身精湛的球技；另一方面，也离不开主帅兰尼克的重用。萨利霍维奇与主帅兰尼克，正如千里马遇上了伯乐。

随后的几年里，在兰尼克的麾下，塞亚德·萨利霍维奇成为霍芬海姆球队的进攻核心。萨利霍维奇在球场上一直踢前锋，这使得他拥有出色的得分能力，由此为霍芬海姆球队立下赫赫战功。最值得一提的是，他炉火纯青的任意球技术。每当他站在罚球点上，都会让对手胆战心惊。在德国乙级联赛中，他为球队贡献 14 次助攻，堪称"助攻王"。在 2008—2009 赛季中，霍芬海姆球队凭借出色的表现惊艳欧陆，球队成功晋级德国甲级联赛。霍芬海姆球队作为一个小镇球队，3 年便完成了三级跳，从地区联赛到乙级联赛，之后晋级甲级联赛，的确是一个"壮举"！

在该赛季中，塞亚德·萨利霍维奇以中场的位置出场了 29 次，踢进了 8 球。萨利霍维奇随着球队完成三级跳，成为球队的中场核心，出众的定位球技术几乎成了萨利霍维奇的标志。霍芬海姆球队的晋级，离不开球员在赛场上的拼搏。当初霍芬海姆球队给了萨利霍维奇一个机会，而在这个赛季中，萨利霍维奇以自己出色的表现回馈了这支球队。

塞亚德·萨利霍维奇像是球场上冲出的一匹黑马，在帮助球队完成三级跳之后，在霍芬海姆球队的德甲联赛中，萨利霍维奇继续稳定发挥，球技得到进一步提升。霍芬海姆球队继续创造了属于他们的奇迹。

在谈及主罚任意球的窍门的时候，塞亚德·萨利霍维奇表示，他经常在球队的训练结束后给自己加练。观众和对手在惊叹萨利霍维奇出色的任意球技术时，殊不知他在背后付出了多少的努力。每当球队结束训练，队员们渐渐散去后，训练场上依然能够看到萨利霍维奇的身影。球在脚下，屏气凝神，日复一日的训练才成就了足球场上的进球时刻的精彩。萨利霍维奇在比赛中发球时，并不十分注意看对方门将的站位，而是在对手猝不及防的时刻，他脚下的球便穿过人墙，然后闪电一般插上，进球。

2008年11月4日，由于赛季表现优秀，霍芬海姆足球俱乐部为留住核心，与波黑中场塞亚德·萨利霍维奇签订了3年合约，一直到2012年6月30日。萨利霍维奇于

2006—2015 年一直效力于霍芬海姆足球俱乐部。

塞亚德·萨利霍维奇在主帅兰尼克的麾下，以强大的实力回报了主教练的信任，迅速在球队中站稳了脚跟，成为球队的核心，率领球队所向披靡。正是在球场上出色的发挥，塞亚德·萨利霍维奇入选了波黑国家队。

观众在球场上看到的是塞亚德·萨利霍维奇出色的、让对手胆战心惊的球技。在赛场之外，萨利霍维奇也有球迷们看不到的一面。

我们知道，足球运动员需要保持身材、控制体重，这样才能在赛场上保持力量、速度和敏捷度。这些对于一个现役足球运动员而言，是至关重要的。塞亚德·萨利霍维奇有一段时间非常喜欢吃甜食和快餐类的食物，这就导致他的身材不符合职业球员的要求。在这个时候，主帅兰尼克及时发现了萨利霍维奇身材上的问题，并且给了他恢复理想体重的期限。那时，顶着巨大压力的萨利霍维奇虽然对此感到不高兴，但他仍然按照兰尼克的要求去做了。其实，主帅兰尼克带出的球队能够取得好的成绩，是与他对球员们的严格要求是分不开的。

足球运动员们在球场上进行比赛，是面临着巨大的压力的。这些压力也只有球员们自己能够切身体会到。正因如此，塞亚德·萨利霍维奇常用食物，尤其是甜食和快餐来缓解自己巨大的压力。

在塞亚德·萨利霍维奇的心中始终牢记着自己是一名足球运动员，没有忘记当初兰尼克对自己的赏识与信任。萨利霍维奇不再吃过量的甜食、快餐，通过积极的锻炼，终于又恢复了足球运动员的标准体重。当他在赛场上恢复昔日状态的时候，萨利霍维奇非常感激主帅兰尼克。萨利霍维奇曾经不止一次在媒体的采访中谈到主帅兰尼克对自己的严格要求与帮助，这些都让萨利霍维奇得到成长。若是没有兰尼克，萨利霍维奇或许不会取得如此辉煌的战绩。

塞亚德·萨利霍维奇不仅在平时的训练中自觉地控制自己的身材和体重，通过锻炼使身体更加强健，使自己在对抗激烈的球场上获得优势，而且不论是在场上比赛还是在后场训练，萨利霍维奇都变得成熟了许多。在比赛场上，萨利霍维奇被提前换下或者替补出场时，他都没有怨言，心平气和；在有机会上场的时候，他全力以赴，享受比赛。

霍芬海姆球队经理申德尔迈泽表示："塞亚德·萨利霍维奇是霍芬海姆球队中崛起的典例。从地区联赛到德甲，他一直在进步，如今他是我们球队不可或缺的一分子。我很高兴我们可以一起并肩作战。"

后来，在吉斯多尔执教之下，霍芬海姆球队在德甲赛场上的表现堪称疯狂。在 32 轮联赛之后，霍芬海姆球队打进 67 球，进球数仅次于拜仁和多特蒙德。但是不可忽略的是，霍芬海姆球队也丢掉了 66 球，以至于丢球数在整个德甲联赛中榜上有名（第二名）。这便是霍芬海姆球队的疯狂之处。值得注意的是，在这种踢法下，萨利霍维奇的进攻才能得到充分发挥。萨利霍维奇在德甲单赛季中 26 场打进 11 球，创造了职业生涯单赛季进球数的又一个纪录。因为在德甲联赛中表现出色，萨利霍维奇多次入选《踢球者》杂志评选的最佳阵容。

在 2012—2013 德甲赛季中，霍芬海姆队经过多轮比赛，最后一轮对阵多特蒙德队。多特蒙德队曾经多次在顶级赛事中表现出色，无疑是霍芬海姆队的强劲对手。果不其然，在一开始，霍芬海姆队不敌多特蒙德队，比分 0：1

暂时落后于多特蒙德。可是，霍芬海姆队的球员们没有放弃，继续对抗。足球赛场上发生的故事从来都是难以预料的。霍芬海姆队在 5 分钟之内获得了两个点球，这让塞亚德·萨利霍维奇和队友们感到兴奋，因为这关系到球队是否能够扭转败局。当萨利霍维奇站在罚球点上时，虽然对自己的点球技术有着充分的信心，但仍然感到压力。他全神贯注，紧紧地盯着脚下的球。这时候，整个球场上一片寂静，人们都在等待着。只见足球迅速从萨利霍维奇的脚下离开，冲破人墙，当球进入球网时，整个球场都沸腾了。同样地，另外的一个点球，萨利霍维奇的表现再一次让球场沸腾。他没有辜负球迷们的期望，也没有辜负队友们的信任。萨利霍维奇在压力之下表现得更加出色。萨利霍维奇两球全部主罚命中，霍芬海姆球队以 2∶1 逆转多特蒙德队，由此获得了保级附加赛的机会。在这样的胜利之中，队友们欢欣鼓舞，球队成功保级。

当塞亚德·萨利霍维奇之后回忆起与多特蒙德的那场比赛时，他仍然非常激动。当然，球迷和观众们也不会忘记这激动人心的时刻。这位"霍村村长"的确为"霍村"的比赛立下了赫赫战功。

2013 年 1 月 20 日，塞亚德·萨利霍维奇在球队与门兴格拉德巴赫队的比赛中重伤离场，后被确诊为右膝关节外侧半月板撕裂。这位球场上的老将，曾多次受伤。可是这些都无法阻挡萨利霍维奇在赛场上的脚步。

在 2014—2015 赛季中，塞亚德·萨利霍维奇很少有机会出场。在联赛的上半程，或许可以说萨利霍维奇是因伤缺阵，但是在联赛的下半程，身体已经恢复健康的他甚至无法进入大名单。这让萨利霍维奇感到非常伤心与失望。他伤心的是，这支曾经给他机会上场的球队，如今可能已经不再需要他了。在整个赛季中，萨利霍维奇仅仅出场 13 次，打进了两球，出场的时间仅为 442 分钟。我们不对霍芬海姆球队的决定作出评论，因为球场上的情况千变万化，是难以预料的。但是，球迷们对于不能看到萨利霍维奇在霍芬海姆队中比赛仍然感到失望。

即使如此，塞亚德·萨利霍维奇仍然感激这支球队，在霍芬海姆 9 年的时间里，与球员们的朝夕相处，一场场的比赛，都让萨利霍维奇无法忘记。只是他知道，他的离开对于球队和自己将来的发展都是有益的。

塞亚德·萨利霍维奇在霍芬海姆球队9年的时间里，共代表霍芬海姆球队参加了49场比赛，进69球。霍芬海姆球队不会忘记他。当然，球迷们也不会忘记这位曾经的"霍村村长"。

03 / 入选国家队，挑战世界杯

2007年，早在之前效力霍芬海姆球队时，发挥出色的萨利霍维奇就已经入选了波黑国家队。作为波黑籍的足球运动员，为波黑国家队效力，萨利霍维奇感到非常的荣幸与开心。

波黑内战使得波黑国内经济下滑，人民生活水平下降，许多人流离失所。波黑的足球也难以独善其身。波黑独立后，波黑的足协也独立出来。由于内战的原因，波黑的足协并没有被国际足协所接纳。战争结束之后，在1996年波黑足协才被国际足联接纳。1998年，波黑足协被欧足联接纳。之后，波黑国家队才有机会参加国际足球的顶级赛事。不过遗憾的是，波黑国家队在连续4届的世界杯预选赛和欧洲杯预选赛中都未曾出线。

直到2014年的巴西世界杯，在欧洲区预选赛中，波黑国家队以1∶0战胜立陶宛队，以小组第一的成绩成功闯入巴西世界杯。这是波黑国家队首次打进世界杯。塞亚德·萨利霍维奇与波黑国家队的其他队友们一起征战巴西世界杯。然而，在世界杯强劲的对手面前，波黑国家队最后还是败下阵来。这对于波黑国家队而言，仍然是很大的进步。之后的比赛，塞亚德·萨利霍维奇代表国家队一共出场39次，进4球。萨利霍维奇最出色的是任意球技术，在中场的位置上所向披靡。可是，为了球队全局考虑，波黑国家队的几任主帅都将萨利霍维奇安排在左后卫的位置上，这样的安排让这位擅长中场进攻的球员才华无处施展，在很大程度上导致他进球量不佳。

萨利霍维奇跟随波黑国家队打满了波黑的4场世界杯预选赛，和队友米西莫维奇成为波黑国家队的双核。米西莫维奇的传球技术也非常精妙，他的任意球与远射让人拍案叫绝。萨利霍维奇与米西莫维奇两人相互配合，为波黑国家队征战世界杯效力。

塞亚德·萨利霍维奇相信，波黑国家队在未来的几年里会更加强大，他希望凭着自己出色的表现为国家队在世界杯、欧洲杯的比赛中作出更大的贡献，取得更好的成绩。

04 / 转战中国，继续挑战

2015 年 6 月 7 日，中场塞亚德·萨利霍维奇离开霍芬海姆队，转战中超贵州人和队。这一年，萨利霍维奇 30 岁，正处在中场球员的黄金年龄。他的加盟无疑为正处在保级区的贵州人和队注入一剂强心剂。

谈及对中国的第一印象，塞亚德·萨利霍维奇表示，他非常喜欢中国，这里的人非常友善。当然，最开心的还是萨利霍维奇的中国球迷们，终于能在中国的赛场上看到这位前"霍村村长"。球迷们的热情让萨利霍维奇出乎意料，他相信在这里踢球，将会非常地开心。

除了塞亚德·萨利霍维奇，当时来到中国的还有他在波黑国家队的队友米西莫维奇。在 2015 赛季中超联赛中，萨利霍维奇打入 2 球、贡献 8 次助攻，其中萨利霍维奇打进一个超远程任意球，惊艳全场。中国的球迷们终于近距离地感受到了这位任意球大师的风采。在上半场比赛刚刚开始时，贵州人和便得到一个大禁区外围的任意球。因为这个球的位置离球门太远（40 米开外），长春亚泰的守门员宋振瑜并没有把这个球放在心上。当萨利霍维奇射出球时，宋振瑜才感到危机，只是萨利霍维奇射出的球速度太快，他反应过来时，球已经从他的指尖上呼啸而过。随后这个球砸到球门的横梁弹地而出球网。因为球速太快，双方因是否进球有效而争执不下。最后，裁判判定萨利霍维奇进球有效，场上一片沸腾。这个球是萨利霍维奇在中超联赛中的第一粒进球。

然而，即使有两位波黑外援加盟，贵州人和仍然败北。在这个赛季，贵州人和从中超降入中甲。其实观众不难看出，这两位波黑中场——塞亚德·萨利霍维奇和米西莫维奇的位置出现重叠。作为攻击性中场的萨利霍维奇更多出现在后腰的位置，而组织能力较强的米西莫维奇也失去了优势。球迷们相信，这两位波黑球星来到中国，经过一段时间的磨合，一定会取得好成绩。萨利霍维奇对前一阶段的表现表示遗憾，他将继续努力。

2016年5月8日，2016赛季中甲联赛第8轮，贵州人和队客场挑战武汉卓尔。比赛刚进入第8分钟，就迎来了第一个精彩的看点。塞亚德·萨利霍维奇在得球后稍作调整，左脚起射，此时卓尔的门将还未作出反应，球便穿过武汉卓尔队球员进入到网中。由此贵州人和客场获得优势。这一球让萨利霍维奇和球迷们非常激动，因为这是萨利霍维奇在中国联赛中的第一粒运动中进球。

塞亚德·萨利霍维奇在球场上的实力是有目共睹的。在未来的球场上，塞亚德·萨利霍维奇的表现如何，我们将拭目以待。

绿茵场上耀眼的前锋

——埃丁·哲科

埃丁·哲科（1986—　），波黑著名的足球运动员。他出生于波黑的萨拉热窝，6岁时波黑战争爆发，他与家人留在国内度过战争岁月，10岁开始在波黑超级联赛的泽约尼卡尔足球俱乐部青训营训练，17岁得到第一份正式合同，以中场身份在泽约尼卡尔足球俱乐部开始职业生涯。之后他相继在捷克的特普利策足球俱乐部和拉贝河畔足球俱乐部、德国的沃尔夫斯堡足球俱乐部、英国的曼彻斯特城足球俱乐部效力。哲科所在球队均为最出色的球队，他随队获得的荣誉不胜枚举，仅冠军就获得了6次之多。2008—2009赛季他所在的球队获得德国足球甲级联赛冠军，随后又获得英格兰足球超级联赛冠军2次（2011—2012赛季、2013—2014赛季）、英格兰足总杯冠军1次（2010—2011赛季）、英格兰联赛杯冠军1次（2013—2014赛季）、英格兰慈善盾杯冠军1次（2013—2014赛季）。在争夺这些荣誉的赛场上，哲科功勋显著。哲科先后获得2007年度捷克最佳外援、2008—2009赛季德国足球先生、2008—2009赛季德国足球甲级联赛金靴奖、3次波黑足球先生（2009年度、2010年度、2011年度）、2016—2017赛季意大利足球甲级联赛金靴奖，以及 2016—2017 赛季欧联杯金靴奖。在 2016—2017 赛季的意甲联赛中，哲科迎来了自己职业生涯新的高峰，成为 25 年来单赛季最高联赛进球最多的球员，也是罗马队 82 年来首位单赛季攻入 27 粒意甲入球的球员。

球场上的哲科霸气十足，令对手胆寒，令球迷沸腾。正如弗朗西斯科·托蒂所描述的那样："哲科是个世界级球员，他可以改善任何一支球队，他加盟罗马将给球队带来很大帮助，让球队做得更好。"著名足球教练费利克斯·马加特这样评价他："哲科是每个俱乐部都希望得到的射手，他无私，射术精准，而且头球好，当他得到球的那一刻他就知道该如何去做。"

01 / 战乱中成长：初识足球的小男孩

1986 年 3 月 17 日，波黑萨拉热窝的一户普通人家欣喜地迎来了一个新的生命——埃丁·哲科。小时候的埃丁·哲科活泼好动，对圆滚滚的球类非常感兴趣，总是自己抱过来踢上几脚，再邀约小伙伴一起在院子里踢来踢去。这可能是波黑人骨子里流淌的足球基因吧！欢声笑语中，哲科度过了童年，幸福的日子在哲科6岁那年发生了巨变。从1992年到1996年，波黑陷入了长达4年的内战。这是第二次世界大战后，在欧洲爆发的一次最大的战争。人们为战争付出了惨重的代价。这片土地上的人民流离失所、无家可归，房屋建筑因炮弹的轰炸而倒塌，大地满目疮痍，波黑人民陷入一片惶惑之中。埃丁·哲科一家不得不离开自己的家园，举家迁移。

因为战争，埃丁·哲科再也不能像以前一样随意地踢球了。他每天处于担惊受怕的状态，生怕有哪颗炮弹在自己身边炸开，甚至经常连饭都无法吃饱。哲科在小小的年纪不得不承担起本不是他这个年龄应该考虑的生存问题。他回忆道："当时对于每个人来说都是一段艰苦的时光。没有太多的食物，三餐都吃不饱。大家每天都生活在焦虑中，时刻都在躲避子弹和炸弹，随时都可能毙命。在那段时间我每天都在哭，谢天谢地，战争最终还是过去了。"这样的生存环境让哲科坚强，这种坚韧的品质贯穿于他日后的足球运动员生涯中。战争并不能掩盖他的足球天赋，哲科终于开始了自己的足球生涯。

1996 年，年仅 10 岁的埃丁·哲科在波黑超级联赛的泽约尼卡尔足球俱乐部开始了自己 7 年的青训营生涯。虽然10 岁的孩子还无法承受强度太大的训练，但是没有努力就一定没有收获。上万次的颠球练习，哲科在一次次出脚发力中寻找球感，他在球队中认识了许多小伙伴，大家一起训练，相互鼓励，共同撑起十几岁少年的足球梦。训练中总会有人离开，或是受不了训练的辛苦，或是自己最初对足球的那份热情消退了，离开的理由千千万万，但留下来的理由只有一个，那就是热爱。足球是给这群少年以热血的东西，他们相信自己未来会在世界杯的球场上大放光彩，而哲科也在以后的日子里用事实证明他做到了。能够在绿茵场上安心地踢足球是哲科一直以来的梦想，哲科非常珍惜这次来之不易的训练机会，7 年里，他每日刻苦训练，从来没有偷懒，他的球技有了飞速的进步。

02 / 崭露头角：球技不凡的年轻前锋

　　时光飞逝，转眼间埃丁·哲科已经在青训营度过了7年生涯。在此期间，哲科的身高迅速长到了190厘米。哲科的球技也已经练得小有成就，成为队内重点培养的种子选手。2003年，17岁的哲科得到第一份正式合同，以中场身份在泽约尼卡尔足球俱乐部开始职业生涯。2003—2004赛季，年轻的哲科作为新生代足球运动员，代表泽约尼卡尔足球俱乐部在波黑联赛上出场，在这个赛季他共出场20次，打入4球。2004—2005赛季，他代表泽约尼卡尔俱乐部在波黑联赛中出场20次，打入1球。

　　虽然顺利签下合同，但是由于埃丁·哲科长得高大，略显笨拙，在当地并不受欢迎。直到2005年，捷克的特普利策足球俱乐部以2.5万欧元的转会费引进哲科。在特普利策队，哲科由中场改为前锋，这一改变似乎为他的职业生涯开启了顺利之门。2005年8月他被租借到拉贝河畔足球俱乐部，开始了他为期4个月的租借期。哲科代表拉贝河畔足球俱乐部在捷克足球乙级联赛中出场 15 次，打入 6 球；后来代表特普利策足球俱乐部在捷克足球甲级联赛中出场 13 次，打入 3 球。哲科找到了适合自己的位置，从此坚定地奋战在前锋的位置，再也没有换过。

2006—2007 赛季，埃丁·哲科代表特普利策足球俱乐部在捷克足球甲级联赛中出场 20 次，打入 6 球。此时的哲科身高达到了 193 厘米，由于太高，他的速度并不是很快。但是与其他高个子球员不同的是，身材高大的哲科脚下盘带技术干净利落，从不拖泥带水，他的盘带次数虽然不多，但是失误很少。也正因为身材高大，所以头球成了他的优势，他射门的技术精湛，可以准确判断球的落点，善于头球抢点，经常在比赛中力挽狂澜。表现出色的哲科成为联赛最佳射手，一时之间身价倍增。

2007 年 6 月 26 日，费利克斯·马加特执教的德国沃尔夫斯堡足球俱乐部将年仅 21 岁的埃丁·哲科以 400 万欧元的价格转入。在这里，哲科不负所望，开始了他的征战之路。他在一系列比赛中脱颖而出，前 11 场比赛中就打入 5 球，并且赢得了 2007—2008 赛季半程最佳前锋。2007—

2008赛季，哲科代表沃尔夫斯堡足球俱乐部进军德国足球甲级联赛，初登德甲赛场的哲科表现出色，出场28次，打入8球，助攻7次；在德国杯中出场5次，打入1球。他迅速成长为世界顶级前锋。2008年11月25日，在德国足球甲级联赛第14轮比赛全部结束后，哲科入选《踢球者》评选出的第14轮最佳11人阵容。2008—2009赛季，哲科更是势如破竹。2009年2月7日，在德国足球甲级联赛第19轮沃尔夫斯堡主场2：0战胜波鸿的比赛中，哲科在上、下半场各入1球。赛后，他入选《踢球者》第19轮最佳阵容。5月2日，在德国足球甲级联赛第30轮沃尔夫斯堡主场4：0战胜霍芬海姆的比赛中，哲科打入3球。5月12日，在德国足球甲级联赛第32轮沃尔夫斯堡主场3：0战胜多特蒙德的比赛中，哲科梅开二度。5月14日，哲科与锋线搭档埃迪纳尔多·巴蒂斯塔·利巴尼奥一起入选《踢球者》第32轮最佳阵容。5月16日，在德国足球甲级联赛第33轮沃尔夫斯堡客场5：0战胜汉诺威96的比赛中，哲科用头球完成了自己的“帽子戏法”[1]，哲科再次与利巴尼奥入

---

[1] 帽子戏法：指在足球比赛中，一名队员3次将球踢入对方的球门。

选《踢球者》第 33 轮最佳阵容。在这个赛季，哲科出场 32
次，打入 26 球，他与巴西人格拉菲特组成活力十足的锋线
组合，两人在德甲联手攻入 54 球，打破盖德·穆勒和乌利·赫
内斯在 1972—1973 赛季保持的纪录，帮助"狼堡"夺得历
史上首个德甲冠军。2009—2010 德甲赛季，哲科交出了联
赛 34 场进 23 球的完美成绩单，再次帮助沃尔夫斯堡登顶。

03 / 转战曼城：光芒四射的"四喜王"

2011 年 1 月 8 日，埃丁·哲科转会到英国曼彻斯特城
足球俱乐部，加入英超联赛。1 月 15 日，在英超联赛第 23
轮曼城主场对狼队足球俱乐部的比赛中，埃丁·哲科完成了
自己在英超的首次亮相，并为球队贡献一次助攻。4 月 15 日，
在英格兰足球超级联赛第 34 轮曼城客场 1：0 战胜布莱克
本足球俱乐部的比赛中，埃丁·哲科打进自己的英超首球，
为这场比赛的胜利立下头功。

在 2010—2011 赛季中，埃丁·哲科作为曼城队的一员在英超联赛中出场 15 次，打入 2 球，助攻 2 次。在英国足总杯比赛中出场 2 次，打入 2 球，助攻 1 次，帮助曼城队获得英国足总杯冠军；在欧联杯比赛中出场 4 次，打入 2 球。最引人注目的比赛是 2011 年 8 月 28 日，在英超联赛第 3 轮曼城对托特纳姆热刺队中以 5 ：1 获得大胜，埃丁·哲科 1 人打入 4 球，赢得"大四喜"的骄人战绩。

2012 年 5 月 13 日，在英超联赛第 38 轮曼城主场对阵女王公园巡游者队的比赛中，埃丁·哲科在第 91 分钟头球破门，帮助曼城 3 ：2 逆转女王公园巡游者队获胜，为英超联赛夺冠打下基础。2011—2012 赛季，埃丁·哲科代表曼彻斯特城足球俱乐部在英格兰足球超级联赛出场 30 次，打入 14 球，助攻 5 次，为英国曼城队时隔 44 年夺得联赛冠军作出突出贡献。

2012 年 11 月 11 日，曼城在伊蒂哈德球场迎战热刺，这是一场精彩绝伦的对决赛。虽然哲科仅作为替补上场，但他的出现再次为球队锁定了本场的胜利。哲科十分擅长头球，这不仅是对技巧的考验，更是对力量的要求。在过去的多场比赛中哲科曾多次头槌进球，如在 2011—2012 赛季英超联赛第 21 轮的对决中，哲科力压对方球队后卫，一记头球将球顺利打入远角，这次比赛正是凭借哲科此高难度的头球，曼城才在比赛中以 2：1 逆转热刺。除此之外，哲科还十分擅长前插抢点，成功率也高得出奇，同时作为前锋的他，也可作为站桩的中锋投入阵地战中，技术过关，冲击力巨大。

在 2012—2013 赛季，埃丁·哲科代表曼城队在英国足超联赛中出场 32 次，打入 14 球，助攻 6 次；在英格兰联赛杯中出场 1 次；在英格兰足总杯中打入 5 球，助攻 1 次；帮助曼城队获得英国慈善盾杯冠军。

2013 年 8 月 26 日，在英超联赛第 2 轮曼城队对卡迪夫城队的比赛中，埃丁·哲科以世界波击穿对手铁桶阵，攻入赛季首球，最终 2：3 不敌卡迪夫城队，赛后英国媒体《天空体育》将埃丁·哲科评为全场最佳。10 月 31 日，在圣詹姆斯公园球场举行英国联赛杯第 4 轮曼城客场 2：0 战胜纽卡斯尔队的比赛中，埃丁·哲科和内格雷多在加时赛中连入 2 球。12 月 18 日，在皇权球场举行的英国联赛杯 1/4 决赛中曼城客场 3:1 战胜莱斯特城的比赛中，埃丁·哲科梅开二度。2014 年 1 月 30 日，埃丁·哲科入选英超联赛第 23 轮最佳阵容。在 2013—2014 整个赛季，埃丁·哲科代表曼城队在英超联赛出场 31 次，打入 16 球，助攻 8 次；在欧洲冠军联赛中出场 7 次，打入 2 球，助攻 1 次。哲科帮助曼城队再次获得英超联赛冠军和英国联赛杯冠军。

04 / 荣耀时刻：实至名归的"金靴奖"

2008—2009 赛季，年轻的埃丁·哲科在德国足球甲级联赛中出场 32 次，攻入 26 球，助攻 10 次，效率惊人。这一出色的成绩，使得沃尔夫斯堡足球俱乐部获得了历史上第一个德国足球甲级联赛的冠军。更加传奇的是，哲科和他的锋线搭档格拉菲特配合默契，联手攻入 54 球，这一成绩打破了盖德·穆勒和他的搭档乌利·赫内斯保持了 30 多年的纪录。这一成绩也使两人成为德国足球甲级联赛历史上单个赛季进球最多的锋线组合。惊人的成绩并不是来自偶然，而是两人在长期训练中磨炼出的默契。他们日日夜夜地挥汗如雨、日日夜夜地坚持不懈，终于换来了此时此刻的荣耀。有如此优秀成绩的哲科本有机会捧回梦寐以求的"金靴奖"，然而表现更为出色的搭档格拉菲特攻入 28 球，获得当届德甲的"金靴奖"。攻入 26 球的哲科仅得到"银靴奖"，屈居第二，与"金靴奖"失之交臂。但这是他有史以来进球最多的比赛，创下了他自己的个人纪录，哲科欣喜于自己的成长与进步，他知道更好的未来在等着他。

时间来到了 2009—2010 赛季，埃丁·哲科再次代表沃尔夫斯堡足球俱乐部出战德国的足球甲级联赛，在这场比赛中，哲科打入 22 球，助攻依然出色，有 9 次，虽然这个赛季入球不如上一赛季（26 球）多，但是，凭借 22 球的出色表现，哲科获得了本赛季的"金靴奖"。领奖台上捧起"金靴奖"的哲科笑容满面，闪闪的"金靴"和着球迷雷鸣般的掌声，是对哲科实力最好的证明。这是哲科首次捧起"金靴奖"，他将在他的征程中越走越远，迎接新的辉煌。

在 2016—2017 赛季的意大利足球甲级联赛的最后一

场比赛中，来自世界各地数以亿万计的球迷或在球场上观看比赛，或在电视里观看直播，都在为自己喜欢的球队和球员加油助威。这场比赛看得所有人热血沸腾，激动不已。大幕落下，在射手榜上，为罗马首开纪录的埃丁·哲科以29球的出色成绩荣膺意甲"金靴奖"，而且这也是他在职业生涯中单赛季进球的最高纪录。哲科的第一个"金靴奖"是在2009—2010赛季，以22球的成绩赢得了德甲"金靴"，7个赛季后，哲科以更加出色的成绩捧起了意甲"金靴"。意甲得奖对哲科来说意义非凡，因为哲科与意甲的渊源可以追溯到他的少年时期。

在埃丁·哲科的成长过程中，他的偶像是安德烈·舍甫琴科。哲科少年时期经常看意甲比赛，在他看来意甲是那个时代最好的联赛。在他心中，安德烈·舍甫琴科是最好的前锋。哲科曾说："我当然还记得舍甫琴科在米兰的一些比赛，我也记得他在基辅迪纳摩时的一些比赛，我记得他在诺坎普对巴萨上演'帽子戏法'。那或许是我第一次看到他的比赛，我记不清楚具体的比赛日期了，因为事情过去很久了，但在我心中，他就是NO.1。"

再次捧回"金靴奖"的哲科对未来充满展望，他将在足球的道路上走得更加稳健。

05 / 足球先生：意义非凡的国家荣誉

一路走来获奖无数的埃丁·哲科光彩耀人，对他来说意义最重大的奖项，是波黑足协颁给他的"波黑足球先生"。"波黑足球先生"是波黑足球的最高荣誉，哲科 3 次当选为"足球先生"，出色的表现与他一直以来的努力是分不开的。

2009 年，23 岁的埃丁·哲科代表沃尔夫斯堡足球俱乐部参加了在德国举行的足球甲级联赛，保持上佳状态的哲科在赛场上打入 22 球，撑起了"狼堡"的攻击线，帮助沃尔夫斯堡称霸德甲。随后哲科便当选为 2009 年的"波黑足球先生"。哲科在 12 月 29 日的领奖仪式上激动地说："我为获奖感到高兴，特别是在家乡领奖。"但哲科深知足球是一项团体运动，任何一名足球运动员都不可能靠自己赢得比赛，而每一场比赛的胜利都是球队里每一位球员通力合作、全力以赴的结果。他感谢在球场上和他一起挥汗如雨、咬牙坚持的队友，他感谢训练中给他指导和鼓舞的教练，他感谢在背后一直默默支持他的家人，还有给他巨大信心的球迷们。他自己心里无比地清楚，少了其中任何一个，都不会有站在领奖台上的哲科。这项荣誉使哲科在足球的路上走得更加坚定有力。

2010 年 12 月 28 日波黑足协正式宣布，沃尔夫斯堡的前锋哲科当选为本年度"波黑足球先生"，第二次获得这一荣誉的哲科显得无比激动。在这次"足球先生"评奖的候选人中有里昂队强硬的中场米拉勒姆·皮亚尼奇、蒙彼利埃队稳健敏捷的后卫埃米尔·斯帕希奇和加拉塔萨雷队的中场主攻王兹维兹丹·米西莫维奇。他们都是波黑足球的中流砥柱。哲科能击败如此强大的对手，可见其球技又稳稳地上了一层。在接受采访时哲科说："我非常高兴能够获得这一荣誉，尤其这还是第二次，这不仅是我的巨大荣誉，其中也包含着责任。提名的名单很强，不管谁获得这一荣誉，那都是当之无愧的。"此外，哲科还提到 2011 年他同队友的目标是闯入 2012 年欧洲杯的决赛圈，得到国家和人民认可的哲科此时底气十足。

2010—2011 赛季的英格兰足球超级联赛证实了埃丁·哲科的底气从何而来，哲科再一次向国人和世界展示了他的实力。哲科再次，也是连续 3 年获得了"波黑足球先生"。哲科并没有止步于此，他年轻的躯体充满蓬勃的活力，从此他更加刻苦训练，时刻准备迎接更大的挑战。

2017 年，哲科是全欧洲绿茵场上最炙手可热的球员、最耀眼的前锋。但是他与其他许多球星一样，将职业生涯的目标定为进入欧洲冠军联赛。他不止一次地在采访中谈到对 AC 米兰的向往。他希望有朝一日能像自己童年的偶像舍甫琴科那样，作为 AC 米兰的一员叱咤在意甲的赛场上。他说："在我萨拉热窝的家里，有一间屋子挂满了球衣。其中一件就是印有舍甫琴科 7 号的红黑间条纹衫，那是一件他征战意甲联赛时穿过的战袍，上面还有他的亲笔签名。这是最让我感到骄傲的！这是家人为我买的，因为他们知道 AC 米兰对我来说意味着什么，它是我一生中最有价值的礼物。"2017 年 8 月 4 日，哲科入选 2016—2017 赛季欧联

杯最佳球员候选名单。同年 10 月 9 日，哲科入围 2017 年"金
球奖"的第三批候选名单。

波黑的超级前锋就是这样练成的，他并非昙花一现，在
经历多场比赛较量后，从中场走向前锋，他将在绿茵场上
越走越远！

进行时的足坛奇迹

——米拉勒姆·皮亚尼奇

米拉勒姆·皮亚尼奇（1990—　　），波黑国家足球队现役运动员。他出生于波黑的兹沃尔尼克，小时候因战乱迁徙到卢森堡生活。他的父亲是足球运动员，从小给他带来潜移默化的影响。他 7 岁时，即进入卢森堡顶级联赛球队 FC 希夫朗日 95 进行专业化训练；14 岁进入梅斯足球俱乐部；2008 年转会投入里昂门下，3 年后，从少年队升入成年队；2011 年，皮亚尼奇从里昂转会进入意甲豪门罗马俱乐部并与之签署了一份 4 年的合约；2016 年效力于意大利足球甲级联赛尤文图斯足球俱乐部。2014 年，他曾带领波黑第一次闯入世界杯，创造了历史。皮亚尼奇 2014—2016 年连续 3 年入选《卫报》"世界 100 名最杰出足球运动员"，2016 年排名第 70 位。

01 / 不是他选择了足球，而是足球选择了他

谁也没有想到，在 1990 年 4 月 2 日这一天，波黑的图

兹拉会迎来一个伟大球员——米拉勒姆·皮亚尼奇的诞生。当时的政局动荡不堪，民族摩擦不断升温，皮亚尼奇的父亲法尔乌丁意识到这样的环境不适合幼小儿子的成长，于是他带着妻子法提玛和小皮亚尼奇来到卢森堡，开启了他们新的生活。在这里，皮亚尼奇开始了他的足球人生。

到底是米拉勒姆·皮亚尼奇选择了足球，还是足球选择了皮亚尼奇，这是个很有意思的问题。皮亚尼奇从小就展现出对足球的极大兴趣，他对足球的痴迷，很大程度上源于他的父亲法尔乌丁。法尔乌丁曾为南斯拉夫乙级足球联赛效力，为离开波黑后能有新的容身之地，父亲争取到了一份卢森堡球队的合同。自此为了延长居留期限，法尔乌丁开始不间断地踢球。不仅如此，夫妻俩还要去工厂打工、去医院帮忙，很是辛苦。虽然日子艰辛，这样的生活却为小皮亚尼奇学习足球提供了良好的外部条件——由于不能把小皮亚尼奇单独放在家，他必须跟着父亲一起训练。在父亲的熏陶之下，小皮亚尼奇渐渐发现足球运动的魅力，对他来说，观看父亲的训练和比赛，比其他任何事情都有意思。5岁的时候，皮亚尼奇正式接受足球训练，父亲发现儿子不仅热爱足球，而且很有踢球天赋。父亲深知，只有热爱和天赋还是不够的，于是他留意小皮亚尼奇的训练和比赛，以非常专业又严肃的角度认真地记录和分析小皮亚尼奇的每一场比赛，作出详细的总结，像一个温柔的教练那样引导小皮亚尼奇思考。时至今日，父子俩还保持着这个习惯。皮亚尼奇的战场也是父亲的战场，父亲深知一流的足球运动员靠的不仅是技术，还有成熟的比赛思维与临场发挥的心智，在这方面父亲能够为他提供相应的支持。父亲不仅为小皮亚尼奇提供技术、策略上的指导，更是给予了儿子无限的希望。7岁时，皮亚尼奇进入卢森堡顶级联赛球队FC希夫朗日95进行专业化训练。皮亚尼奇开始引起比利时、荷兰和德国一些俱乐部的关注，但皮亚尼奇并未骄傲，他知道只有更努力才能更优秀。

卢森堡的足球水平与欧洲足球强国相比还是差了不少，皮亚尼奇决定进入更高水平的俱乐部，接受更具挑战性的训练。那么为何最后皮亚尼奇选择了梅斯俱乐部呢？虽然父亲给予皮亚尼奇很多建议，但最终皮亚尼奇自己作出了选择。梅斯训练营的名气再加上赫拉斯教练的大力推荐，让皮亚尼奇最终决定选择梅斯俱乐部。皮亚尼奇年纪轻轻却对自己的未来有着清晰的职业规划，这样少见的成熟让他后来作出了不少正确选择。

02 / 潜心修炼——从法国梅斯到里昂

　　法国的足球生活开拓了皮亚尼奇的眼界，在法国梅斯青训营的皮亚尼奇接触到了许多伟大的职业球员，也是在这里，他开启了自己的职业生涯。作为法国职业足球队先驱之一的梅斯俱乐部成立于1932年，在重大国际赛事上一直表现不俗，曾两次获得法国杯冠军、联赛杯冠军。更重要的是，梅斯俱乐部培养了包括法里德·蒙德拉贡、柏特历·麦保马在内的许多杰出运动员。皮亚尼奇希望自己有一天能够成长为这样的职业球员。

　　皮亚尼奇14岁进入梅斯足球俱乐部，2005—2006赛季加入U16，第二年便与梅斯签署了一份5年的精英合约。2007—2008赛季，他为法国业余联赛效力，两场比赛后，皮亚尼奇被主教练弗朗西斯·德·塔德奥召进了成年组。2007年8月18日这一天，17岁的皮亚尼奇开启了他的处子秀——代表梅斯登上法甲战场对抗传奇球队巴黎圣日耳曼。2007年11月30日，皮亚尼奇与梅斯足球俱乐部签署了职业生涯中的第一份合约，为期3年。不久，皮亚尼奇就贡献了职业生涯以来的第一个进球——2007年12月15日，梅斯足球俱乐部以2：1战胜索肖足球俱乐部。对皮亚尼奇来说，这是此生值得记忆的时刻。这个进球使皮亚尼奇进入法国甲级联赛历史上进球最年轻的球员之列。随后，皮亚尼奇为球队带来了一系列惊喜。在对阵斯特拉斯堡时，皮亚尼奇贡献了最后一个进球，梅斯足球俱乐部以3：0大胜。皮亚尼奇在梅斯对战洛里昂队的比赛中发挥出色，帮助梅斯艰难挺进法国杯1/4决赛。虽然没有站上最终的冠军领奖台，但皮亚尼奇已经显示了他的足球天赋，所有人都在期待他的快速成长。在2007—2008赛季，皮亚尼奇共出场38次，贡献了4粒进球，出色的表现使他顺利入选法甲年度最佳年轻球员提名。

可以说，梅斯俱乐部像一位导师一样带领皮亚尼奇走上职业道路。3 年的扎实训练以及赛场历练为皮亚尼奇今后征战更大的舞台提供了丰富的经验积累和强有力的实战磨炼。皮亚尼奇在梅斯俱乐部的精彩表现，引来了其他欧洲豪门的关注。他们意识到，皮亚尼奇是一位不可多得的足坛人才，他也许能够开创新的足坛未来。于是包括英超阿森纳，意甲国际米兰、AC 米兰，西甲巴萨、皇马在内的足坛豪门都纷纷向皮亚尼奇伸出橄榄枝。但皮亚尼奇认为自己已在法国生活多年，如果他在这时选择转战其他国家球队，就意味着要从零开始，而留在法国则可以借助已有的名气闯出新的天地。因此，他决定加入法国里昂俱乐部。

虽然与梅斯俱乐部有 3 年合约，但在双方协商下，皮亚尼奇还是在 2008 年以 800 万欧元的转会费投入里昂俱乐部门下。那时的里昂身披法甲七连冠的光环，队内球员都是足坛大腕，而皮亚尼奇只是来自降至法乙梅斯队的新人。初来里昂的皮亚尼奇内心有着不小的压力。在高手云集的里昂，他要证明自己就只能往前冲。想要快速成长，不仅需要自身努力，外界的支持也很重要。幸运的是，在里昂，皮亚尼奇很快就遇到了一位对他足坛生涯影响十分巨大的良师益友，正是跟随这位老师的学习使他后来成为出色的任意球大师。

这位老师就是儒尼尼奥。这一时期皮亚尼奇球技的爆发式提高与儒尼尼奥的指导有很大的关系。儒尼尼奥·佩南布卡诺是巴西传奇足球运动员，与后来的皮亚尼奇一样，他也是称霸中场的球员，而且他还是前里昂队队长，以任意球闻名足坛，实力不容小觑。在他的带领下，里昂实现了不可思议的联赛四连冠，他在职业生涯期间曾为里昂贡献了44粒直接任意球。儒尼尼奥的任意球以极高的准确度、快速的下坠和诡异的弧线等特点，令众多足球痴迷者心神向往。变幻莫测的轨迹、难以捉摸的方向，这使很多人认为他的任意球是违背物理学原理的。更令人敬佩的是，儒尼尼奥不仅任意球质量上乘，命中率也是高得惊人，再加上大力的特点，可以说他的任意球几乎无人能挡。因擅长"落叶球"技法，因此常被称为"落叶球之王"。据统计，儒尼尼奥为足坛贡献了80个精彩绝伦的任意球，这样的成绩即使放在当下也是值得夸耀一番的。美国体育媒体《露天看台》

的撰稿人詹姆斯—威利斯评选了足坛 25 大任意球高手，位列榜首的就是儒尼尼奥，而跟在他身后的是 C 罗、贝克汉姆等人。

有这样一位经验丰富、技术高超的队友兼老师，米拉勒姆·皮亚尼奇想不出色都难。皮亚尼奇的天分以及坚持不懈的努力让儒尼尼奥对他寄予厚望，并对他倾囊相授。皮亚尼奇刻苦练习任意球，出色的成绩让他获得了"儒尼尼奥接班人"的称号。加入里昂后，皮亚尼奇首次登台是在2008—2009 赛季对抗法甲图卢兹的比赛上。然而赛季还没结束，皮亚尼奇就因为 10 月份比赛中突发伤病不得不退出赛场，本来计划修养 1 个月，却一直拖到了 2009 年年初才勉强复出。来到里昂的第一年对皮亚尼奇来说不太好过，突发的意外使他在联赛中交了白卷。而这一年对已是法甲七冠王的里昂来说也是极其难过的一年。主教练皮埃尔的保守战术使得里昂在本赛季中的表现不温不火，再加上儒尼尼奥的突然离开，里昂最终仅位列探花。这样的结果对皮亚尼奇来说太不尽如人意。突然的受伤让皮亚尼奇有了更多的时间去反思自己的战术。他开始花更多的时间去观察、探究、讨教，总结球队失利的经验，以便重返赛场时能为里昂带来新的表现。

2009—2010赛季，皮亚尼奇霸气归来。这次，他换下了12号球服，穿上了曾经属于儒尼尼奥的8号球衣，带着儒尼尼奥的足球精神继续在里昂俱乐部的赛场上奔跑。这一赛季，里昂俱乐部满血复活。欧洲冠军联赛季后赛对阵比利时安德莱赫特俱乐部时，皮亚尼奇为里昂俱乐部贡献了他的第一粒任意球，里昂俱乐部最终以5:1赢得了比赛。很快皮亚尼奇又为俱乐部贡献了他的第一个联赛进球。皮亚尼奇的传球、组织、前插都表现得可圈可点。冠军联赛小组赛里昂对阵佛罗伦萨，在皮亚尼奇的一脚射门后，里昂赢得胜利。第二轮小组赛，皮亚尼奇凭借精巧的任意球、及时的两次助攻，帮助里昂俱乐部以4：0完胜匈牙利的德布勒森尼俱乐部。在接下来的3月10日，皮亚尼奇贡献了关键的一球，在首轮淘汰赛第二回合中以1：1追平了西班牙皇家马德里队，皮亚尼奇的一分直接将里昂送进欧冠联赛1/4决赛。这一赛季皮亚尼奇成绩不俗，在法甲联赛中出场37次，贡献6粒进球，助攻9次，里昂升至法甲亚军。皮亚尼奇在欧冠联赛出场 14 次，进 5 球，助攻 4 次。外界几乎都一致认为，这位波黑青年在不久的将来能成为里昂的核心力量。

然而，事情的进展并不是那么顺利。2010—2011 赛季，法国国脚古尔库夫的加盟使得米拉勒姆·皮亚尼奇失去了球队主力的位置。这一赛季，皮亚尼奇共出场 30 次法甲联赛，贡献 3 球，助攻 3 次；法联赛仅出场 1 次；欧冠联赛出场也只有 8 次，仅打进 1 球。单从出场量上看，皮亚尼奇较上年已有明显减少，其中多数还是以替补出场。这让皮亚尼奇感到深深的不满，再加上里昂又一次仅拿到亚军席位，这一连串的事情，让皮亚尼奇内心产生了动摇。

紧接着的下一个赛季，情况并没有好转。皮亚尼奇的出场量和进球量继续下降。里昂更是在法甲联赛上跌落至第三位。皮亚尼奇刚转会里昂时，里昂蝉联 7 届法甲联赛，而现在总是在二三名徘徊。这对渴望拿到冠军的皮亚尼奇来说是个不小的打击。皮亚尼奇认为自己是时候选择一个更好的去处了。他要去一个竞争更为激烈的地方，这样看来，转战意甲似乎应提上日程。

好在米拉勒姆·皮亚尼奇周围从不缺乏关注他的人。2011 年 8 月 31 日，皮亚尼奇从里昂转会进入意甲豪门罗马俱乐部并与之签署了一份 4 年合约，这次的转会身价由里昂时期的 800 万欧元跃升至 1100 万欧元。罗马时期的皮亚尼奇经历了全面蜕变，他变得更加成熟，逐渐成为俱乐部的核心人物。

03 / 意甲第一任意球高手，中场"神助攻"

来到罗马的皮亚尼奇很快就爱上了这个地方，这里的一切都与法国截然不同。若法国人对足球的爱是含蓄优雅，那么这里的爱就是疯狂真挚，甚至还夹杂了些野蛮。在这里，每个人都潜心追随着心仪球队，就像是虔诚的教徒那样。看到张开双臂迎接自己的罗马，皮亚尼奇希望用更好的成绩回报这里。

2011—2012 赛季，米拉勒姆·皮亚尼奇代表罗马在意甲联赛出场 30 次，3 球 9 助攻；在意大利杯出战 1 次。2012—2013 赛季，皮亚尼奇出场意甲 27 次，3 球 6 助攻；意大利杯出战 2 次，1 球 2 助攻。虽然主帅恩里克心怀雄心壮志，但罗马的联赛表现并不理想。之后主帅兹德内克·泽曼的到来也没有改变球队的低迷。

2013—2014 赛季，罗马迎来了自己的新帅鲁迪·加西亚，米拉勒姆·皮亚尼奇被选入 4-3-3 阵容并且成为核心球员。那一季意甲皮亚尼奇出场 35 次，贡献 6 粒进球、6 次助攻，一扫之前的郁郁不得志。皮亚尼奇高水准表现刷新了罗马联赛的积分纪录。这一年罗马获得意大利足球甲级联赛亚军。如果问皮亚尼奇这一年印象最深的进球是哪一个，当属 2:0 战胜米兰的那场进球。皮亚尼奇运球摆脱苏莱伊·蒙塔里、里卡多·蒙托利沃和阿迪尔·拉米的防守，最后把球打入球门右侧。那次运球完全成了皮亚尼奇的个人秀。虽然罗马的成绩离不开教练加西亚出色的指挥，但外界均认为皮亚尼奇中场的生猛表现才是罗马重振雄风的主要原因。皮亚尼奇成了各大俱乐部的挖角热门。据报道，曼联队曾真诚地表示过自己的意愿。为表现自己的求贤若渴以及心怀诚意，土豪巴黎圣日耳曼俱乐部更是愿用帕斯托雷外加 500 万欧元的价格从罗马俱乐部签下皮亚尼奇。但罗马还是希望能留住这位中场核心。

2014 年 3 月 11 日，皮亚尼奇又与罗马续约了 3 年。这一赛季皮亚尼奇逐渐成长为很多人口中"极具威胁"的球员，他的综合水平再上一个台阶。这一季他在意甲联赛中出场 34 次，贡献 5 球、10 次助攻；此外，意大利杯、欧联杯、欧冠联赛分别出场 2 场、4 场和 6 场。然而，期盼捧起冠军奖杯的皮亚尼奇还是失望了。这一年，罗马又只获得了意甲亚军，此时皮亚尼奇即将 25 岁。一次次地尝试，一次次与冠军擦肩而过的滋味并不好受，但看到罗马承诺为打造一支冠军球队而战时，他决定继续为罗马战斗。

2015—2016 赛季可谓是属于皮亚奇尼的赛季，此时的皮亚尼奇已经成为世界上最优秀的任意球大师之一，8 月对战尤文图斯的比赛中皮亚尼奇贡献了极富技巧性的一粒进球。在这一赛季，皮亚尼奇在意甲联赛中出场 33 次，贡献 10 球、12 次助攻；意大利杯出场 1 次；欧冠联赛出场 7 次，贡献 2 球、1 次助攻。但再高水平的表现也没能挽救罗马，这次罗马仅在意甲中位列季军。

皮亚尼奇加盟罗马俱乐部后的 5 年，整个足坛都见证了他的蜕变，此时的他早已是球迷心中意甲的第一任意球高手、中场的"神助攻"。仅在过去的 3 年里，皮亚尼奇的助攻多达 28 次，成为当之无愧的意甲助攻王。再看看 2015—2016 单个赛季的表现，皮亚尼奇足以震惊足坛。虽然进步非凡，但皮亚尼奇内心仍然很是落寞：已经 26 岁，自己何时才能捧起冠军奖杯？皮亚尼奇似乎又走到了瓶颈处。

面对这样一位水平高超但明显壮志难酬的出色球员，各大顶尖足球俱乐部都摩拳擦掌，纷纷向皮亚尼奇抛出真诚的橄榄枝，希望能够将他收至麾下。这一次，皮亚奇尼选择了尤文图斯。很多人对皮亚尼奇的转会表示极大的遗憾，在媒体的描述中，甚至有些"背叛者"的意味。对皮亚尼奇来说，罗马俱乐部对他的承诺并没有实现，5 年了，皮亚尼奇还只是在冠军身边打转。皮亚尼奇在接受媒体采访时表示自己仍然热爱罗马并感谢托蒂对他的帮助与指导，但职业生涯不可能无限延长，已经 26 岁的他不能再继续等待下去。所以，尤文图斯对皮亚尼奇来说是助其完成心愿的最好去处，皮亚尼奇需要一次胜利，而尤文图斯已经蝉联 5 届意甲冠军了。

2016 年 6 月 14 日，属意皮亚尼奇已久的尤文图斯终于以转会费 3200 万欧元、签约 5 年的合约将其揽入自己的怀抱。来到尤文图斯的皮亚尼奇逐渐适应新的足球体系，与队员的配合也渐入佳境。这一年，幸运之神似乎开始垂青尤文图斯的皮亚尼奇。2016—2017 赛季，皮亚尼奇在意甲联赛中出场 30 次，继续发挥优势，贡献 5 球、11 次助攻；意大利杯出场 4 次，打入 2 球；欧冠联赛中出场 12 次，贡献 1 球、3 次助攻；意大利超级杯出场 1 次，1 次助攻。这个赛季尤文图斯捧回了意甲冠军、意大利杯冠军以及欧冠联赛亚军。皮亚尼奇终于在 26 岁时实现了多年来的梦想。

2017—2018 赛季以来，皮亚尼奇继续在球场上书写着他的历史，任意球大师"神助攻"的传奇仍在继续。

从梅斯、里昂到罗马再到尤文图斯，皮亚尼奇一直在进步。皮亚尼奇取得今日的足坛成就不只是靠天赋，更离不开家庭的支持、教练的重用以及足坛前辈的悉心指导。年仅 27 岁的皮亚尼奇已经是甲级联赛最出色的中场球员。

04 / 内心的波斯尼亚灵魂——为波黑踢球

有人问过米拉勒姆·皮亚尼奇，到底哪里是你的家？对皮亚尼奇来说，他经历过太多地方，从波黑到卢森堡，从法国的梅斯、里昂到意大利的罗马、尤文图斯。这些对皮亚尼奇来说，不只是职业生涯上一个个简单的节点。对他来说，波黑赋予了他生命，卢森堡引导他走向足球道路，梅斯俱乐部开启了他的职业生涯，里昂让他磨炼了球技，罗马、尤文图斯球队则是他大放异彩、全面崛起的舞台。在接受《共和国报》采访时，皮亚尼奇说他并不是一个扎不下根就走的人。到底哪里是他的家？这些都是他的家。然而，无论是卢森堡、法国还是意大利，皮亚尼奇都曾为它们带来光环与荣耀，唯独波黑，这个赋予皮亚尼奇生命的国度一直静静等待着皮亚尼奇的归来。

皮亚尼奇一路走来，追求冠军奖杯的梦想火种从未在他心中熄灭。皮亚尼奇是一个理性主义者，他总是能清晰地意识到自己该去哪里，哪里能助他实现足坛梦想。然而，在他选择加入国家队时，却暂时放下了个人的功名，遵从自己的内心，选择了波黑——这个他在 1 岁多就离开的国家。

对很多人来说，皮亚尼奇的选择并不明智。波黑是欧洲大陆最穷的国家之一，经济落后，冲突不断，在国际足坛的成绩更是不值一提，与法国、卢森堡这样的发达国家相比，它根本给不了皮亚尼奇想要的。然而，心系祖国的皮亚尼奇一直以来都期盼着能为波黑做些什么，这种温柔的情感逐渐演变为皮亚尼奇内心的使命。1 岁多离开祖国，6 岁才返乡认亲，常年征战在外的皮亚尼奇是时候为波黑贡献自己的力量了。他盼望用足球为这个国家带来希望。于是面对卢森堡国家队的挽留以及法国国家队的邀请，皮亚尼奇还是选择遵从内心加入波黑国家队，为波黑踢球。

在波黑媒体的一次采访中，皮亚尼奇把自己想要加入波黑国家队的想法表达了出来。波黑足联很快了解到皮亚尼奇的态度，并计划将其召回到国家队 U21 中。然而皮亚尼奇加入波黑国家队的历程并不顺利，因为皮亚尼奇没有波黑护照，而这需要取得国际足协的批准，困难重重。起初皮亚尼奇并不被允许加入成年组。在经历长达 8 个月的等待后，在波黑轮值主席泽利科·科姆希奇的介入下，皮亚尼奇终于在 2008 年拿到了波黑护照。

就是在这一年，米拉勒姆·皮亚尼奇获得了一个充满温情的新身份——波黑国家男子足球队运动员。8 月 20 日，皮亚尼奇首次代表波黑男足登上赛场，对手是保加利亚队，但最终波黑以一球之差输掉了比赛。2010 年 3 月 3 日，在国际友谊赛对战加纳国家足球队时，皮亚尼奇为波黑男足贡献了他的第一粒进球，最终波黑以 2：1 战胜对手。对皮亚尼奇而言，他不仅要代表波黑赢得比赛，更重要的是他还计划带领波黑创造新的历史——征战世界杯。

皮亚尼奇知道再贫穷的欧洲国家也有着足球梦，而他需要为这个梦想添上自己的一笔。面对糟糕的国内处境，皮亚尼奇希望通过足球改变国家的精神面貌，主教练也表示波黑男足参加世界杯的一大初衷就是希望通过赢得比赛让国家局势转好，团结人心，改变现状。所以，对皮亚尼奇来说，征战世界杯是一次载满全国人民希望的重要使命。皮亚尼奇不负众望，在 2014 年世界杯资格赛期间，他出场 9 次，以 3 球、4 助攻的硕果帮助波黑国足首次挺进资格赛，创造了波黑历史。获得世界杯参赛资格后，胜利的喜悦弥漫在波黑上空，皮亚尼奇成了国家新偶像，所有人不分民族都在为波黑的胜利鼓舞欢庆。皮亚尼奇也顺利地入选2014年世界杯波黑国足的首发阵容。

2014年巴西时间6月15日晚7点，巴西世界杯F组第一场小组赛打响，皮亚尼奇在这场比赛中射门2次，拦截5次，传球54次。虽然首场比赛1:2不敌阿根廷队，但马拉卡纳球场已经见证了波黑的新历史。面对首轮失利，波黑国足并没有丧失信心，他们寄希望于21日与尼日利亚队的对决。这将是波黑与尼日利亚队史上的首次较量，这次对决意义重大，只有拿到3分才有晋级的希望。然而，赛场上总会留下些遗憾，由于种种原因，最终结果事与愿违，波黑0:1负于尼日利亚，遗憾出局。这场比赛皮亚尼奇拦截6次，传球72次，远超其他队员。几天过后，两战均负的波黑终于迎来了第一次胜利。当天，F组最后一场小组赛在波黑和伊朗之间进行，上半场哲科率先攻进一球，下半场59分钟皮亚尼奇再进一球，将比分扩大到2：0，比分最终定格在第83分钟，弗尔萨耶维奇再次破门。波黑以3：1

最终收获了首场胜利。虽然无缘世界杯 16 强，但对波黑来说已是十足的进步。赛后给出的综合数据中，皮亚尼奇在 2014 年世界杯场均助攻榜上位居第 38 位，在射手榜排名第 43 位，传球榜排名第 8 位，角球榜排名第 6 位。这样的成绩是皮亚尼奇足坛水平的最好证明。从 2008 年加入波黑国足以来，到 2016 年，皮亚尼奇出场 62 次，进球 11 次，是当之无愧的波黑国脚。

米拉勒姆·皮亚尼奇用足球给祖国带来新的希望，许多青少年开始将皮亚尼奇视为自己的偶像。皮亚尼奇这份对祖国诚挚的爱不只体现在赛场上。2014 年巴尔干半岛遭遇百年不遇的洪水，波黑遭受重创，难民人数一下跃升至 7 位数。皮亚尼奇立刻为重灾区送去药品。有人好奇，1 岁多就离开波黑的他怎么会对波黑有这么重的使命感呢？皮亚尼奇的爱国情怀与家庭环境有很大的关系。虽然早在 1 岁多他就离开故乡来到卢森堡，但母亲却十分重视对皮亚尼奇的爱国教育。家里的电视似乎总是停留在波黑频道，歌曲似乎也总是讲述着萨拉热窝的故事，餐桌上从来也少不了波黑的特色点心。母亲法提玛说她的心属于波斯尼亚，她不希望孩子们忘记自己的故乡，无论语言还是饮食，她希望能在生活中为孩子们保持波斯尼亚的传统。由此看来，皮亚尼奇选择波黑国家队在很大程度上也要归功于父母的爱国情怀的潜移默化的影响。

05 ／ 他人眼中的绿茵骄子

米拉勒姆·皮亚尼奇的足坛故事还有很多，对皮亚尼奇的认识也不应仅局限于赛事的成绩上。在别人眼中，皮亚尼奇会展现出怎样不同的一面呢？

众所周知，皮亚尼奇以任意球闻名足坛。如果将足球比赛比喻成一部交响乐的话，那么其中最让人屏气凝神的便是任意球了。皮亚尼奇的任意球技术深受老师儒尼尼奥的影响，很多人说在皮亚尼奇身上找到了儒尼尼奥的身影，那么老师眼中的这位学生又是怎样的呢？儒尼尼奥在接受《米兰体育报》采访时狠狠地夸赞了这位天赋异禀又谦虚好学的学生。儒尼尼奥说皮亚尼奇的任意球水平已然是世界最佳水平。"皮亚尼奇刻苦好学，他是个很有天赋的运动员，也身怀满满的动力，这是很宝贵的。同时他也很全面，能踢中场的 3 个位置。"在被问及他是如何教皮亚尼奇任意球的时候，这位老师却笑着说："我教过他任意球吗？"在儒尼尼奥看来，每个运动员都有自己的风格，皮亚尼奇总是能踢出漂亮的任意球，这在很大程度上依赖于自身的能力，皮亚尼奇掌握的各种罚球技巧让他在如此年轻的时候就成为这一领域的专高手。

佐拉在接受《米兰体育报》采访时也表示，皮亚尼奇的任意球与皮尔洛不相上下，是个名副其实的任意球专家。皮亚尼奇与皮尔洛罚球方式相似当然不足为奇，因为皮尔洛同样深受儒尼尼奥的影响。皮亚尼奇的任意球能跻身足坛前列，谁知道他看过多少遍儒尼尼奥和皮尔洛的赛事录像呢！

生活中的皮亚尼奇展现出的是最令人感动的真诚与少有的谦逊平和。在家人的眼中，皮亚尼奇永远都是一个非常礼貌而且脚踏实地的年轻人。休假时皮亚尼奇回到家乡，他完全没有一点儿大球星的架子，他会和家人一起劳作，一起喝咖啡。在人们眼里，他像一个生活中普普通通的人。

后 记

　　"一带一路"相关国家众多，代表性人物众多，为中外交好、民心相通作出杰出贡献的人士众多。因此，为"一带一路"璀璨群星立传，既使命光荣，又责任重大。在这项浩大工程的策划、组织、执行过程中，有许许多多的志士参加了有关传主的名单征集和审定，以及写作、翻译、审读、编辑、出版、筹资、联络等繁重而琐细的工作。所有参与的人员，以拳拳报国之心、尽深厚学养之力，克服了时间紧、任务重、要求高、压力大等诸多困难与挑战，最终圆满完成了任务。在本书付梓之际，丛书编委会特向参与本项目的全体同志致以崇高敬意和衷心感谢！

　　同时特别需要鸣谢的是，提出策划并领导实施此项目的中国传记文学学会会长王丽，基于长期法律实务经验和担任"一带一路服务机制"主席职务的便利，她对相关国家和走出去的"一带一路建设者"和广大青少年的需求了解真切，提出应当为他们写一套介绍各国典型人物的简明易读的传记，为他们提供健康的精神食粮。她把这项"额外"的工作当成了事业，不惜四处奔走筹集经费、苦口婆心招揽作者、精心挑选传主名录、夙夜青灯挥笔写作、近乎偏执逐字推敲、亲力亲为呕心沥血。面对如此浩大的出版项目和繁重的出版任务，中国出版集团华文出版社、中联部当代世界出版社、五洲传播出版社三家出版社携手毅然承担了出版任务，努力将该传系图书列入国家的重点出版工程，以高质量的编辑和装帧，确保了这套百卷丛书的国家级水平。在此，我们特向这三家出版社的相关领导和编辑们致以崇高敬意和衷心感谢！

尤其让我们感动的是，在项目执行过程中，一些富有家国情怀的民间商会和企业家的慷慨解囊，虽不足以支撑项目的全部费用，但是他们所表现出的热心和支持，让我们坚定了走下去的信心和决心，特向他们的拳拳报国之心和慷慨无私帮助致以崇高敬意和衷心感谢！

一项伟大的事业，离不开许多默默无闻的奉献者。在本传系的组织、编写、出版过程中，有历史、文学、科研、外交、教育、法律、翻译、出版等领域的数百位专业人士参与，恕不能在此处一一详列。需要特别提出的是，鞠思佳、李华华、景峰等同志为组织联络、搜集资料到处奔波而毫无怨言，唐得阳、唐岫敏、白明亮、谭笑、曹越等同志在编写、翻译和编辑、校对过程中的细致与负责让我们感动，赵实、胡占凡、高明光、吴尚之、刘尚军、李岩、王灵桂、李永全、陈晓明、许正明、宋志军、丁云、关宏等同志睿智的指点和专业的帮助让我们避免了许多弯路。在此，我们特向以上各位同志致以崇高敬意和衷心感谢！

当然，由于我们水平所限，本丛书难免有某些不尽如人意和瑕疵之处，敬请学界专家和各位读者不吝赐教，我们将在作品再版之时吸收完善。在此，我们也向各位读者提前表示崇高敬意和深深感谢！

"'一带一路'列国人物传系"编委会

2023 年 3 月 28 日